LES BOIS-BRULÉS

LE
CAPITAINE KILD

PAR

GUSTAVE AIMARD

DEUXIÈME ÉDITION

PARIS
E. DENTU, LIBRAIRE-ÉDITEUR

PALAIS-ROYAL, 17 ET 19, GALERIE D'ORLÉANS

—

1876

Tous droits réservés

LES BOIS-BRULÉS

LE CAPITAINE KILD

OUVRAGES DE GUSTAVE AIMARD

PUBLIÉS PAR LA MÊME LIBRAIRIE

La Forêt vierge............	I. Fanny Dayton, 3ᵉ édit...	1 vol.
	II. Le Désert, 3ᵉ édit.....	1
	III. Le Vautour-Fauve, 3ᵉ édit.	1
Aventures de Michel Hartmann.	I. Les Marquards, 3ᵉ édit...	1
	II. Le Chien noir, 3ᵉ édit...	1
Cardenio.................	Scènes et récits du Nouveau Monde.............	1
Les Scalpeurs blancs.......	I. L'Énigme.........	1
	II. Le Sacripant.......	1
La Belle-Rivière..........	I. Le Fort Duquesne....	1
	II. Le Serpent de Satin...	1
Les Bois brûlés...........	I. Le Voladero.......	1
	II. Le Capitaine Kild....	1
	III. Le Saut de l'Élan....	1

SOUS PRESSE

Le Chasseur de Rats.......	I. L'Œil-Gris........	1 vol.
	II. Le Mulâtre........	1
Les Vauriens du Pont-Neuf...	I. Le Capitaine d'aventure..	1
	II. La vie d'estoc et de taille.	1
	III. Diane de Saint-Hyrem..	1
Les Rois de l'Océan........	I. L'Olounais........	1
	II. Vent-en-Panne......	1
Récits d'Europe et d'Amérique.		1

F. Aureau — Imp. de Lagny

LES BOIS-BRULÉS

LE CAPITAINE KILD

I

OU DOÑA ROSARIO COMMENCE A ESPÉRER

Le capitaine s'avança vivement vers le chasseur, et lui tendant la main :

— C'est vous ! lui dit-il ; soyez le bienvenu.

— Merci, répondit Ramirez en tordant une cigarette sans paraître remarquer la main que le capitaine lui tendait ; quand partons-nous ?

— Tout de suite ! tout de suite ! s'écria Kild d'une voix fébrile.

L'ordre du départ fut donné ; bientôt la plus grande animation régna dans le camp ; chacun était heureux de s'éloigner de cette contrée désolée.

Deux heures plus tard la caravane était en marche ; Benito Ramirez allait en avant en éclaireur. Doña Rosario se trouvait dans un palanquin porté par deux mules ; les autres femmes et les enfants, étaient entassés, tant bien que mal, dans un énorme wagon recouvert d'une toile goudronnée.

Les hommes, derrière le capitaine, s'avançaient le fusil sur l'épaule, à droite et à gauche des bagages, l'oreille tendue, et l'œil au guet.

La caravane marcha, depuis sept heures du matin jusqu'à midi, sans qu'il survînt aucun événement digne d'être rapporté. Les wagons n'avançaient qu'avec une lenteur extrême ; les chemins étaient dans un état épouvantable ; ou plutôt, il n'existait pas de chemins, et les voyageurs étaient obligés de s'ouvrir un passage à coup de hache et de bowie-kniff.

A midi, on s'arrêta pour faire reposer les animaux et déjeuner. Pendant les cinq heures de marche de cette matinée à peine avait-on fait trois lieues.

L'endroit choisi pour la halte était une clairière assez vaste, située au milieu d'une forêt de pins et de cèdres, et traversée par un ruisseau torrentueux, dont les rives, sauf à un seul endroit, étaient très-escarpées.

Une tente fut dressée en toute hâte, un peu à l'écart, pour doña Rosario.

Les femmes, ou plutôt les jeunes filles faisant partie de la troupe du capitaine, et dont aucune ne voyageait volontairement, bien que libres en apparence, étaient cependant assujetties à une surveillance active ;

à peine si elles pouvaient causer entre elles ; il leur était expressément défendu de se mêler aux hommes et d'avoir le moindre rapport avec eux.

Cette sévérité était poussée si loin, qu'elles ne pouvaient même pas leur adresser la parole. Quand elles avaient absolument besoin de quelque chose, elles devaient le demander directement au capitaine, ou, s'il n'était pas au camp, à son lieutenant Bluedewil.

Cependant, parmi ces jeunes filles, il y en avait une, dont nous avons parlé déjà, qui par la gentillesse de son caractère, sa gaieté et l'insouciance qu'elle affectait, était parvenue à se faire bien venir de tout le monde, et à conquérir les bonnes grâces de ses surveillants ; ceux-ci lui accordaient une liberté entière, liberté à la vérité ne dépassant pas les limites du camp, mais dont cependant, la pauvre enfant ne laissait pas que d'être heureuse.

Cette jeune fille avait dix-huit ans environ ; elle était grande, bien faite ; ses traits étaient beaux, sa physionomie intelligente et toujours éclairée par une expression de douce gaieté qui la rendait extrêmement sympathique et faisait plaisir à voir. Ses grands yeux bleus pétillaient de malice ; ses cheveux d'un blond cendré tombaient en longues tresses, à la mode mexicaine, presque sur ses talons. Elle se nommait Harriett Dumbar et était d'origine irlandaise, des environs de Dublin ; son père et sa mère, pauvres fermiers qui, dans leur pays mangeaient plus de *kacs* d'avoine que de pain de froment, avaient, selon l'habitude prise depuis vingt ans déjà par leurs compatriotes, émigré en Amérique dans le but d'améliorer leur position, si misérable en Irlande.

A peine débarqués à New-York, les pauvres gens, dont la santé était depuis longtemps ruinée par la misère, étaient tombés malades; privés de tous secours dans ce pays où complétement étrangers ils ne connaissaient encore personne ; au bout d'un mois, ils étaient morts, à deux jours d'intervalle, soi-disant du typhus, mais en réalité de faim, ne laissant même pas de quoi se faire enterrer, et abandonnant seule et sans ressources leur fille sur cette terre inhospitalière.

Trois ou quatre jours après la mort de ses parents, Hariett Dumbar fut enlevée vers huit heures du soir au milieu de *Broodway*, la promenade la plus belle et la plus fréquentée de New-York, au moment où la pauvre enfant allait vendre l'alliance de sa mère pour s'acheter un morceau de pain.

La jeune fille fut d'abord très-effrayée de son enlèvement ; elle se croyait au pouvoir de voleurs et d'assassins ; les pensées les plus sombres traversèrent son cerveau ; elle versa d'abondantes larmes.

Cependant ses ravisseurs se conduisirent avec elle beaucoup mieux qu'elle n'aurait osé l'espérer ; ils lui témoignaient même certains égards et la traitaient avec beaucoup de respect.

Elle fut emmenée hors de la ville et conduite dans une maison bâtie entre deux jardins, dont les murs d'enceinte étaient si élevés, que du dehors, il était presque impossible de l'apercevoir. Dans cette maison, Harriett Dumbar fut reçue par deux dames d'un certain âge et à l'air affable, qui l'embrassèrent, lui firent raconter son histoire, pleurèrent avec elle la mort de ses parents, et enfin s'emparèrent si bien de son esprit, qu'en moins de deux heures, la jeune fille se prit à les aimer de toutes ses forces.

Dans cette maison, se trouvaient déjà cinq ou six jeunes filles du même âge qu'elle ; toutes étaient vêtues, sinon avec luxe, du moins avec convenance, et parfaitement traitées ; la nouvelle pensionnaire de cette étrange demeure, fut mise au même régime que ses compagnes.

Quinze jours s'écoulèrent.

La vie qu'elle menait dans cette maison semblait douce à la pauvre enfant qui, bien que très-jeune encore, avait déjà été éprouvée par de si grandes misères. Mais tout a une fin en ce monde, le bien comme le mal.

Un soir, à la tombée de la nuit, trois voitures fermées et attelées chacune de quatre chevaux entrèrent dans la cour de la maison.

Sans donner le temps aux jeunes filles de se reconnaître, ni leur fournir aucun éclaircissement sur le sort qui les attendait, ni l'endroit où on les conduisait, on leur fit rassembler et mettre en paquet les quelques nippes qui leur avaient été fournies. Les deux vieilles dames les embrassèrent les larmes aux yeux et les poussèrent doucement dans les voitures, dont les portières furent fermées à clé à l'extérieur, et qui partirent immédiatement ventre à terre.

Cette fois le voyage dura onze jours ; on ne s'arrêtait que rarement, et pendant un temps très-court, pour changer de chevaux ou faire quelques réparations indispensables. Les haltes avaient toujours lieu dans des hameaux situés hors de la route et peu fréquentés.

Le onzième jour au soir, les voitures arrivèrent enfin à leur destination.

On fit descendre les voyageuses, dont le premier soin fut de jeter autour d'elles un regard curieux et investigateur. Mais leur désappointement fut grand.

Elles se trouvaient sur la lisière d'une forêt, à quelques pas d'un campement de chasseurs et trappeurs des prairies, ou du moins de gens qui par leurs allures et leurs costumes paraissaient appartenir à cette classe d'hommes.

Ainsi qu'elles ne tardèrent pas à l'apprendre, elles étaient au pouvoir du capitaine Kild. Celui-ci les compta, les examina minutieusement, en grommelant entre ses dents, selon son habitude, et en hochant la tête ; puis il les fit conduire par un de ses hommes à un endroit où elles rencontrèrent d'autres jeunes filles à peu près de leur âge, qui pour la plupart semblaient en proie à la plus vive douleur.

Le lendemain, le capitaine Kild leva son camp et s'enfonça dans la forêt, se dirigeant vers les grands déserts de l'ouest.

Bien entendu il avait emmené avec lui les pauvres prisonnières.

Le premier moment de tristesse passé, Harriett Dumbar prit résolument le dessus sur son chagrin, et, reconnaissant l'impossibilité d'échapper à la captivité qui l'attendait, elle s'y soumit, nous ne dirons pas avec joie, ce serait aller beaucoup trop loin, mais du moins avec toute la résignation désirable.

Peu à peu, le sourire revint sur ses lèvres, et, comme son caractère la portait toujours à chercher le bon côté des événements, elle ne tarda pas à se trouver comparativement heureuse.

Telle était l'histoire simple et touchante de cette jeune fille, pour laquelle, depuis sa naissance, la société s'était montrée marâtre ; et qui cependant, loin de se plaindre et de la prendre en haine, était restée telle que Dieu l'avait créée douce et affectueuse pour tous, et prête, si l'occasion s'en offrait, à venir en aide à celles ou à ceux qui n'avaient pas le courage de résister à l'infortune.

Aussi, comme nous l'avons dit, Harriett Dumbar devint-elle, au bout de quelques jours, l'oiseau chanteur de la troupe, et fut-elle aimée de chacun. Le capitaine Kild et le farouche Blue-Dewil eux-mêmes semblaient s'intéresser à elle, et parfois souriaient en écoutant ses naïves chansons.

La jeune fille s'était prise d'une véritable affection pour doña Rosario, que toujours elle voyait si triste et si pâle. Doña Rosario fut touchée des attentions délicates de la jeune fille et de la douce et discrète sympathie qu'elle lui témoignait chaque fois qu'elle en trouvait l'occasion.

Ce fut un grand soulagement pour elle, au milieu des gens farouches qui l'entouraient, de rencontrer un cœur tendre et une âme aimante ; elle répondit aux avances de la jeune fille. Bientôt la glace fut rompue, elles devinrent inséparables.

Le capitaine Kild vit cette liaison avec plaisir; au lieu de chercher à l'entraver, il la favorisa au contraire le plus qu'il lui fut possible. La morne tristesse de sa prisonnière l'inquiétait; il espéra que le caractère enjoué de l'Irlandaise exercerait une influence puissante sur l'esprit de doña Rosario et une réaction salutaire dans ses pensées.

C'était Harriett Dumbar qui, de son autorité privée, s'était chargée de rendre à sa nouvelle amie ces mille petits services indispensables à une femme d'un certain monde, et qu'elle ne peut accepter que d'une personne de son sexe.

Lorsque, ce qui arrivait souvent, la jeune fille dînait ou déjeunait seule, Harriett Dumbar dressait la table, recevait les plats des mains du domestique, desservait, puis les jeunes filles mangeaient de compagnie. Ces repas étaient toujours égayés par le charmant babil de la fillette, qui s'appliquait surtout à chasser de l'esprit de son amie l'humeur noire qui l'obscurcissait. Il n'est pas besoin d'ajouter que, entre ces deux enfants, et nous disons enfants avec intention, car elles comptaient à peine trente-deux ans à elles deux ; il n'est pas besoin d'ajouter que leur confiance était entière l'une pour l'autre et qu'il n'existait pas de secret entre elles.

Dès que la caravane eut fait halte dans la clairière, Harriett s'empressa de tout mettre en ordre et de tout préparer pour le repas de son amie, que, du reste, elle ne quittait presque jamais ; bientôt les deux jeunes filles grignotèrent leur déjeuner, tout en causant à voix basse.

Les wagons étaient à peine arrêtés, que Benito Ramirez prit son fusil.

— Nous partirons dans deux heures, dit-il ; cet endroit n'est pas favorable pour une halte prolongée. D'ailleurs, le temps se met au beau ; les chemins ne tarderont pas à devenir plus faciles. Il nous faut en profiter.

— Soit, dit le capitaine ; votre avis est excellent. Est-ce que vous ne déjeunez pas avec nous ?

— Non, dit Ramirez en hochant la tête. Vos viandes fumées et salées m'affadissent le cœur ; je ne me sens aucune fatigue et pas le moindre appétit. En conséquence, je préfère pousser une reconnaissance aux environs et abattre une pièce quelconque pour mon dîner.

— Parfaitement raisonné, dit le capitaine en riant. Allez donc, señor don Benito ; bonne chance, et surtout bonne chasse !

— Merci, fit don Benito Ramirez avec un rire narquois, moitié figue, moitié raisin, qui lui était habituel.

Il jeta son fusil sous son bras, s'éloigna à grands pas et bientôt eut disparu derrière les arbres.

— Quel singulier personnage! fit le capitaine en le suivant du regard aussi longtemps qu'il le put apercevoir ; enfin, il faut le prendre comme il est ! Il me paraît fidèle, c'est le principal. D'ailleurs, quel intérêt aurait-il à me trahir ?... Imbécile que je suis !... est-ce que l'on n'a pas toujours un intérêt à trahir ! Bah ! bah ! je suis fou ! Quelle rage ai-je, depuis quelque temps, de me fourrer ainsi martel en tête !

En ce moment, Blue-Dewil s'approcha.

— Ah ! vous voilà ! dit le capitaine. Eh bien, comment va cet animal de Lingot ?

— Le diable emporte le *rascal!* fit Bluedewil en riant ; il ne se ressent déjà presque plus des coups qu'il a reçus hier. Ses blessures sont magnifiques. Je l'ai laissé en train de manger comme un ogre et de boire comme une éponge. Oh ! il en reviendra, soyez tranquille.

— Pardieu ! j'y compte bien.

— Du reste, je dois lui rendre cette justice, qu'il ne se dorlote pas le moins du monde ; il voulait déjà reprendre son service.

— Non, non ; qu'il se repose encore un jour ou deux ; cela vaudra mieux pour tout le monde.

— A propos, capitaine, je ne sais pas si je vous ai dit que j'ai fait placer des sentinelles partout.

— Vous avez bien fait. Quoiqu'il n'y ait pas de danger apparent, il vaut mieux être sur ses gardes. Allons déjeuner ; je me sens un appétit formidable.

— Et moi aussi, fit Blue-Dewil comme un écho.

Le repas des jeunes filles ne dura pas longtemps ; toutes deux mangeaient du bout des lèvres et plutôt pour se soutenir que poussées par une faim véritable.

Ce fut Harriett qui, comme toujours, entama la conversation.

— Vous avez quelque chose qui n'est pas ordinaire ce matin, señorita, dit-elle à doña Rosario en la regardant d'un air espiègle. Il me semble apercevoir dans votre physionomie une expression de gaîté qui ne lui est pas habituelle. Pour sûr, il se passe quelque chose de nouveau ; quoi ? voilà ce que j'ignore ; mais vous allez me le dire.

— Curieuse, va ! dit doña Rosario en souriant doucement.

— Ne me jugez pas si mal, señorita ; ce n'est pas curiosité, c'est amitié.

— Je le sais, chère petite ; aussi ne te ferai-je pas languir. Je te dirai tout.

— Ah ! à la bonne heure ! voilà comme je vous aime. Mais attendez un instant ; je vais d'abord m'assurer que l'on ne peut pas nous entendre. Il est bon d'être prudent ici ; nous avons affaire à des gens qui ne se font aucun scrupule d'écouter aux portes.

Tout en parlant ainsi, elle se leva en chantonnant et sortit de l'espèce d'abri que l'on avait dressé pour doña Rosario.

Son absence fut de courte durée. Au bout de quelques

minutes, elle reparut, et, posant un de ses doigts mignons sur ses lèvres, pour recommander le silence à son amie, elle vint se rasseoir près d'elle.

— Est-ce que nous sommes surveillées ? lui demanda doña Rosario à voix basse.

— Nous sommes toujours surveillées, répondit gravement la fillette ; mais aujourd'hui plus que jamais.

— Mais pour quel motif ? à quel propos ?

— Je l'ignore.

— Mais, enfin, qui te fait supposer cela, mignonne ?

— Ah ! voilà ! Figurez-vous que des sentinelles sont placées tout autour du camp.

— Cela n'a rien d'extraordinaire, chère petite ; il en est de même toutes les fois que l'on campe.

— C'est possible, señorita ; cependant...

— Folle que tu es ! ces sentinelles sont posées par crainte des Indiens, et non pour nous.

— Vous croyez ?

— Mais certainement.

— Eh bien ! comment se fait-il que les sentinelles sont posées tout autour de la clairière, excepté précisément derrière notre *jacal* ?

— Hein ? qu'est-ce que tu dis ?

— La vérité, señorita ; il vous est très-facile de vous en assurer, si vous le désirez.

— Tu conclus de cela ?

— Mais, señorita, une chose très-vraie : c'est que, par un motif que j'ignore, on veut nous inspirer une fausse sécurité. Remarquez bien, señorita, que je suis d'autant plus certaine de ce que j'avance, que les sentinelles ont été posées devant moi par Blue-Dewil lui-même. Et vous savez, señorita, si Bluedewil est notre ami ! il est plus mauvais encore que le capitaine.

— Je te répète que tu es folle, dit en riant doña Rosario ; ton raisonnement n'a ni queue ni tête.

— Bien, señorita ; allez toujours ; je vous remercie. Ainsi, Blue-Dewil ne cherche pas constamment à nous tourmenter ?

Doña Rosario se pencha vers la jeune fille, lui saisit le bras, et, approchant sa bouche de son oreille :

— Blue-Dewil, lui dit-elle lentement à voix basse, Blue-Dewil est notre seul ami.

— Hein ? s'écria Harriett, qui crut avoir mal entendu, en fixant un regard effaré sur doña Rosario; Blue-Dewil notre ami ! Vous riez, señorita ?

— Je te répète que cet homme est notre ami le plus dévoué ; je le sais, j'en ai la preuve.

— Ah ! dit Harriett sans pouvoir ajouter un mot, tant sa surprise était grande.

— Oui, reprit doña Rosario ; hier, tandis que tu m'avais quittée, je ne sais pour quel motif, et, sans reproche, tu m'as laissée bien longtemps seule, Blue-Dewil, profitant de l'absence du capitaine Kild, s'est introduit dans ma tente ; là, il s'est fait connaître à moi ; il m'a juré un dévouement à toute épreuve ; il m'a avoué qu'il était ici pour me protéger et me sauver ; et, après m'avoir recommandé la plus grande circonspection, il s'est éloigné en laissant entre mes mains les minutes, elle reparut, et, posant un de ses doigts mignons sur ses lèvres, pour recommander le silence à son amie, elle vint se rasseoir près d'elle.

— Est-ce que nous sommes surveillées ? lui demanda doña Rosario à voix basse.

— Nous sommes toujours surveillées, répondit gravement la fillette ; mais aujourd'hui plus que jamais.

— Mais pour quel motif ? à quel propos ?

— Je l'ignore.

— Mais, enfin, qui te fait supposer cela, mignonne ?

— Ah ! voilà ! Figurez-vous que des sentinelles sont placées tout autour du camp.

— Cela n'a rien d'extraordinaire, chère petite ; il en est de même toutes les fois que l'on campe.

— C'est possible, señorita ; cependant...

— Folle que tu es ! ces sentinelles sont posées par crainte des Indiens, et non pour nous.

— Vous croyez ?

— Mais certainement.

— Eh bien ! comment se fait-il que les sentinelles sont posées tout autour de la clairière, excepté précisément derrière notre *jacal* ?

— Hein ? qu'est-ce que tu dis ?

— La vérité, señorita ; il vous est très-facile de vous en assurer, si vous le désirez.

— Tu conclus de cela ?

— Mais, señorita, une chose très-vraie : c'est que, par un motif que j'ignore, on veut nous inspirer une fausse sécurité. Remarquez bien, señorita, que je suis d'autant plus certaine de ce que j'avance, que les sentinelles ont été posées devant moi par Blue-Dewil lui-même. Et vous savez, señorita, si Bluedewil est notre ami ! il est plus mauvais encore que le capitaine.

— Je te répète que tu es folle, dit en riant doña Rosario ; ton raisonnement n'a ni queue ni tête.

— Bien, señorita ; allez toujours ; je vous remercie. Ainsi, Blue-Dewil ne cherche pas constamment à nous tourmenter ?

Doña Rosario se pencha vers la jeune fille, lui saisit le bras, et, approchant sa bouche de son oreille :

— Blue-Dewil, lui dit-elle lentement à voix basse, Blue-Dewil est notre seul ami.

— Hein ? s'écria Harriett, qui crut avoir mal entendu, en fixant un regard effaré sur doña Rosario ; Blue-Dewil notre ami ! Vous riez, señorita ?

— Je te répète que cet homme est notre ami le plus dévoué ; je le sais, j'en ai la preuve.

— Ah ! dit Harriett sans pouvoir ajouter un mot, tant sa surprise était grande.

— Oui, reprit doña Rosario ; hier, tandis que tu m'avais quittée, je ne sais pour quel motif, et, sans reproche, tu m'as laissée bien longtemps seule, Blue-Dewil, profitant de l'absence du capitaine Kild, s'est introduit dans ma tente ; là, il s'est fait connaître à moi ; il m'a juré un dévouement à toute épreuve ; il m'a avoué qu'il était ici pour me protéger et me sauver ; et, après m'avoir recommandé la plus grande circonspection, il s'est éloigné en laissant entre mes mains les preuves irrécusables de sa bonne foi, et qui seraient en même temps des preuves terribles contre lui si, au lieu de me servir comme il s'y est engagé, il tentait de me trahir. Comprends-tu maintenant?

— Ah! voilà donc pourquoi vous étiez si émue, si hors de vous-même quand je suis arrivée ! s'écria-t-elle, en rappant joyeusement des mains. Je comprends tout maintenant; pourquoi ne m'avoir rien dit alors? c'est mal, señorita, moi qui étais si inquiète.

— Ne m'en veux pas, Harriett; tu l'as vu, la joie m'étouffait, j'étais folle.

— C'est vrai; il est bien laid Blue-Dewil, fit-elle en riant. Eh bien! maintenant, je l'aime.

— Enfant, tu déraisonnes ; calme-toi, on pourrait nous entendre.

— Non, non, il n'y a rien à craindre, quant à présent du moins. Oh! chère señorita, quel bonheur pour vous et pour moi! car je vous suivrai, n'est-ce pas? je ne veux plus vous quitter! Je serai votre amie, votre servante dévouée ! Quel bonheur si nous pouvions échapper aux mains de cet horrible capitaine Kild, cette espèce de vieux hibou qui ne rit jamais qu'à travers ses lunettes.

—Oui, oui, nous ne nous séparerons plus, ma bonne Harriett; nous serons toujours amies, toujours ensemble.

Les deux jeunes filles tombèrent dans les bras l'une de l'autre et fondirent en larmes, mais ces pleurs étaient doux, c'étaient des pleurs d'espérance et de joie.

Plusieurs minutes s'écoulèrent pendant lesquelles les deux jeunes filles, en proie à la plus vive émotion, ne purent échanger une parole.

Tout à coup, doña Rosario tressaillit et releva vivement la tête.

Un léger sifflement venait de se faire entendre au dehors.

Presque aussitôt, une pierre de petite dimension tomba dans la tente, et vint rouler aux pieds de doña Rosario.

Puis un léger froissement se fit dans les broussailles, mais ne dura qu'un instant.

Doña Rosario ramassa la pierre ; un papier y était attaché au moyen d'un fil ; ce papier était plié en forme de lettre.

La jeune fille l'ouvrit d'une main tremblante et le parcourut vivement d'un coup d'œil.

Il ne contenait que ces quelques mots :

« Chère, bien chère Rosario,
« J'ai vaincu tous les obstacles ; j'ai réussi à décou-
« vrir vos traces ; je suis heureux, car je suis près de
« vous, et vous m'avez reconnu. Je veille ; espérez. Peut-
« être réussirai-je à vous parler ; j'ai tant de choses à
« vous dire ; il y a si longtemps que je ne me suis enivré
« du doux chant de votre voix.
« Octavio de Vargas d'Albaceyte. »

Et au-dessous :

« Brûlez cette lettre : espoir, courage ! »

— De qui peut venir cette lettre? dit l'Irlandaise, d'un ami sans doute !

— Oui, fit doña Rosario en étouffant un soupir, d'un ami bien cher, et dans les promesses duquel je puis avoir toute confiance.

— Alors, tout va bien, fit joyeusement la jeune fille, et bientôt nous serons libres.

— Dieu le veuille !

—N'oubliez pas la recommandation qui vous est faite.

— Laquelle ?

— Celle de brûler cette lettre; cela est important, il me semble.

— Oh ! oui, bien important ! si le capitaine la trouvait entre mes mains, je serais perdue.

— Eh bien, alors, n'hésitez pas, si pénible que soit ce sacrifice, il faut le faire.

Doña Rosario soupira et déchira la lettre d'une main frémissante.

Au même instant, un bruit de pas se fit entendre au dehors.

La jeune fille, sans s'émouvoir, froissa dans ses mains le papier blanc, le jeta loin d'elle, et conservant la partie sur laquelle le billet avait été écrit, elle y mit du tabac, l'étendit avec soin et en fit une cigarette.

— Peut-on entrer sans craindre de vous déranger, señorita? dit la voix bien connue et peu sympathique du capitaine Kild.

— A quoi bon nous contraindre, capitaine, répondit doña Rosario, et feindre une politesse dont vous vous souciez fort peu? ne suis-je pas votre esclave, et comme telle obligée de vous obéir? Vous êtes le maître, entrez si cela vous plaît.

Le capitaine entra.

— Mon Dieu, señorita, dit-il, après s'être légèrement incliné, ma présence vous est donc bien odieuse, pour que chaque fois que je viens vous présenter mes respects, vous me receviez aussi mal? Cependant je m'efforce, il me semble, de vous complaire en tout; vous êtes libre dans mon camp; personne, que je sache, n'a jamais manqué aux égards qui vous sont dus.

— Señor, la contrainte morale est plus terrible cent fois que la contrainte physique. Je ne suis pas libre; je ne puis l'être tant qu'il me sera défendu de quitter votre camp et de me séparer pour toujours des odieux bandits dont vous êtes le chef.

— Pauvre enfant! répondit-il, avec une ironique bonhomie, où iriez-vous, si je vous rendais la liberté que vous semblez si fort désirer? Vous ne feriez pas une lieue dans cet effroyable pays sans tomber dans quelque fondrière, devenir la proie des bêtes fauves ou des Indiens, cent fois plus féroces encore. Je serais impardonnable de vous laisser accomplir une telle folie.

— Oh! il y a longtemps que je connais votre humanité, señor, et votre amour du prochain; mais, pardon, nous parlons là de sujets futiles, et qui, sans doute, ne vous intéressent que médiocrement; veuillez, je vous prie, me faire connaître le motif de votre visite. Vos moments sont précieux, vous ne pouvez consentir à les perdre sans raison, en bavardages avec une jeune fille.

Ces paroles furent prononcées avec un tel accent de mépris railleur, que le capitaine ne réussit qu'à grand'-peine à maîtriser un mouvement de colère.

— J'attends, reprit après un instant doña Rosario, en voyant que le capitaine continuait à garder le silence; n'avez-vous donc rien à me dire?

— Pardonnez-moi, señorita, reprit-il avec amertume ; mais votre accueil est si charmant, qu'il m'a fait tout oublier.

— Vous permettez, n'est-ce pas? dit nonchalamment la jeune fille; nous autres Espagnoles, nous avons l'habitude, après nos repas, de brûler une cigarette, et comme je suppose que l'odeur du tabac ne vous incommodera point, je ne me gênerai pas avec vous.

Tout en parlant ainsi, elle fit flamber une allumette et commença à fumer.

— Maintenant, ajouta-t-elle, parlez, señor, je suis tout oreilles.

Tout cela fut dit et fait avec une désinvolture sans pareille. La malicieuse jeune fille éprouvait dans son for intérieur une joie taquine à brûler au nez de son persécuteur et à lui faire sentir la fumée de la lettre qu'on lui avait si expressément recommandé d'anéantir.

Satisfaite de cette vengeance ignorée, elle se sentit disposée, non pas à être aimable, mais du moins à être moins aigre pour l'homme dont elle se considérait, avec tant de raison, comme la victime.

Celui-ci, bien entendu, ne se doutait de rien, et tout ce petit manége lui avait complétement échappé ; il remarqua seulement avec plaisir que le visage de la jeune fille prenait une expression plus douce et que ses regards devenaient moins ardents.

— Señorita, lui dit-il, vous l'avez deviné, un motif très-sérieux m'amène près de vous. Voici, en deux mots, ce dont il s'agit. Ce matin, nous nous sommes remis en marche, avec l'intention de nous éloigner au plus vite de ces contrées désolées, et regagner des régions plus chaudes et plus hospitalières.

— Jusques à présent, señor, je ne vois là rien qui puisse beaucoup m'intéresser.

— Permettez, señorita, m'y voici; j'ai engagé un nouveau guide, un Mexicain, nommé Benito Ramirez, que je vous ai présenté...

— Ah! fit-elle d'un ton dédaigneux, mais en détournant la tête pour ne pas laisser voir la rougeur qui avait empourpré son visage au nom de Ramirez, que m'importe cet homme?

— Fort peu, à vous, señorita, mais, pour moi, il n'en est pas ainsi ; ce digne jeune homme, comme vous le savez, m'a sauvé la vie ; en sus de la reconnaissance que je lui dois, j'ai en lui la confiance la plus grande.

— Allons, continuez, señor; s'il vous plaît de me raconter vos affaires privées, ne vous gênez pas ; rien ne vous presse sans doute ? quant à moi, mon temps ne vous appartient-il pas?

— Bon! voilà que vous me raillez, maintenant, señorita; cependant, je ne dis pas une parole de trop ; si j'entre dans ces longs détails, croyez bien que c'est parce qu'ils sont indispensables.

— Soit, je ne vous chicanerai pas là-dessus, señor ; vous disiez donc que ce guide, qui vous a sauvé la vie et dans lequel, en sus de la reconnaissance que vous lui devez, vous avez la plus grande confiance... vous voyez que j'ai bien retenu vos paroles.

— En effet, señorita. Eh bien, ce guide s'engage à nous faire gagner trois jours de marche et à nous conduire en vingt-quatre heures, dans une région presque tempérée.

— Voilà qui me semble très-avantageux pour vous, señor ; mais permettez-moi de vous répéter que je ne vois pas le moins du monde dans tout cela l'intérêt que je puis y trouver.

—Pardon, señorita, un immense ; vous allez en juger. C'est le guide lui-même qui m'a engagé à me rendre auprès de vous.

— Ceci devient extrêmement piquant.

— Oui ; ce matin, tout en marchant, nous causions...

— C'est fort intéressant, interrompit-elle sérieusement.

Le capitaine sourit, et continua :

— Ce fut alors que le guide me dit : Je puis, si vous le voulez, vous éviter un énorme détour, et vous faire descendre d'ici en vingt-quatre heures dans des régions tempérées ; seulement, ajouta-t-il, je ne vous cache pas que le chemin qu'il nous faudra prendre est des plus difficiles et surtout des plus périlleux ; tellement périlleux même, que les hommes les plus braves n'y passent qu'en tremblant ; c'est un chemin que l'on ne peut suivre que de deux façons, à pied ou à cheval. Vous avez dans votre troupe des femmes et des enfants ; voyez, réfléchissez et surtout ne faites rien à la légère. A quoi je répondis : — Les femmes et les enfants qui font partie de ma troupe ne m'inquiètent guère, il n'y a, en réalité, qu'une seule personne dont la sûreté me soit précieuse et que je ne voudrais pas aventurer sur une route aussi dangereuse. — Quelle est cette personne ? me demanda-t-il. — Doña Rosario, répondis-je. — Ah ! fit-il, vous vous intéressez à cette jeune femme ? Eh bien, mais, qui vous empêche de lui demander si elle se croit assez bonne écuyère pour confier sa vie à un cheval ? Cela est très-simple, il me semble, et lèvera tous les scrupules que vous pouvez avoir ; de cette façon, nous saurons tout de suite à quoi nous en tenir. — En effet, répondis-je ; voilà pourquoi, señorita, aussitôt après mon déjeuner, je me suis permis de vous venir déranger.

— Ah ! c'est ainsi que les choses se sont passées ?

— Mon Dieu, oui ; tout simplement, vous le voyez.

— Mais alors, si je dois m'en rapporter à vos paroles, ce n'est pas le guide qui vous a engagé à me venir trouver ; c'est vous au contraire qui avez jugé convenable de le faire.

— Vous croyez, señorita ?

— Dame ! il me semble.

— Au fait, c'est possible ! tout cela est confus dans ma tête de telle sorte, que je vous avoue que je n'ai pas une idée bien précise des paroles qui ont été dites, et de qui est venue l'idée. Mais ce point ne mérite même pas d'être éclairci, il est trop insignifiant ; le principal, je crois, est de savoir si, oui ou non, vous pensez, señorita, être assez bonne écuyère pour confier votre vie si précieuse à un cheval, dans les chemins difficiles que vous devrez suivre.

— Ou j'ai mal saisi votre explication, señor, ou vous avez, sans y penser, omis certains détails qui ne manquent cependant pas d'importance.

— Je sais à quoi vous voulez faire allusion ; vous parlez des wagons et des bagages, n'est-ce pas, señorita ?

— Oui, señor capitaine.

— Pour ce qui touche les wagons et les bagages, ils resteront en arrière, sous la direction de quelques hommes sûrs, qui suivront la route ordinaire ; ils nous rejoindront dans la zone tempérée, où nous arriverons deux ou trois jours avant eux.

— Oh ! maintenant, je comprends parfaitement, c'est on ne peut plus simple.

— Eh bien, señorita, quelle est votre réponse ?

— Mon Dieu, capitaine, dit-elle avec mélancolie, cette vie que vous trouvez si précieuse, n'a pour moi qu'un prix très-médiocre, je l'avoue ; je n'y attache que peu d'importance ; aussi, pour moi, tout chemin est bon ; je vous suivrai sans hésiter à travers les voies les moins frayées.

— Pardon, señorita, mais je vous ferai observer que, ou vous ne me comprenez pas, ou vous ne me voulez pas comprendre ; car vous ne répondez aucunement à ma question.

— Je vous demande pardon, capitaine ; je crois au contraire y répondre de la façon la plus catégorique : vous me demandez, n'est-ce pas, si je consens à vous suivre par des chemins perdus, je vous réponds oui ; il n'y a donc pas d'équivoque.

— Soit ; ainsi vous croyez pouvoir vous confier à votre cheval ?

La jeune fille garda le silence.

— C'est une réponse positive que je vous demande, señorita.

— Eh bien... fit-elle avec effort, cette réponse franche que vous exigez, señor, je vous la ferai. Non-seulement je ne suis pas assez bonne écuyère pour faire ce que vous me demandez ; mais j'ignore même les premiers principes de l'équitation. Jamais je ne suis montée à cheval.

— Cela suffit, señorita, je me retire.

— Et vous décidez ?

— Nous continuerons notre voyage par la même route ; nous mettrons plus de temps, mais nous courrons moins de risques. Señorita, je vous salue.

— Comment, Rosario ! s'écria Harriett aussitôt que le capitaine fut sorti, vous êtes Américaine et vous ne savez pas monter à cheval ?

— Tais-toi, mignonne ; répondit la jeune fille en l'embrassant.

Et elle ajouta avec un fin sourire :

— En ce moment, je ne dois pas savoir monter à cheval.

— Mais il me semble...

— Il te semble mal, enfant que tu es. Le guide dont nous a parlé le capitaine nous est dévoué. Si cet homme qui ne me connaît pas, fit-elle en baissant la voix en rougissant légèrement, a engagé le capitaine à m'adresser les questions que celui-ci m'a faites, c'est qu'il voulait que je répondisse par une fin de non-recevoir, c'est-à-dire par un refus clair et catégorique ; comprends-tu maintenant ?

— Oui, oui ! s'écria joyeusement la fillette. Oh ! vous êtes fine, maîtresse ; on ne vous trompera pas facilement.

— Hélas ! pauvre enfant, le malheur rend prudent ; quand on est comme nous, entouré continuellement de piéges et de trahisons, l'esprit s'aiguise et devient clairvoyant ; la ruse et la dissimulation sont les seules armes dont disposent les esclaves ; nous ne pouvons combattre nos ennemis qu'en luttant d'adresse et de finesse avec eux.

Comme l'heure du départ était arrivée, le capitaine Kild emboucha son bugle, et donna l'ordre de se mettre en route. Le guide n'était pas revenu, mais comme il avait donné des indications précises sur la direction qu'il fallait suivre, le capitaine ne parut pas s'inquiéter de cette absence et se mit en tête de la troupe.

Le voyage, était fort pénible. Il faisait un froid noir, humide qui, si bien couverts que fussent les émigrants, les glaçait jusqu'aux os. Quelques flocons de neige flottaient dans l'air ; le chemin était horriblement raviné et flanqué de précipices profonds qui exigeaient une extrême circonspection de la part des conducteurs, pour que wagons et bêtes de somme n'y fussent pas précipités. On ne faisait que monter et descendre ; souvent les voyageurs étaient forcés de passer à gué des torrents dont les eaux étaient extrêmement froides.

La troupe marchait silencieusement ; si parfois on entendait un mot, ce mot était un juron énergique ou un blasphème.

Cette marche si désagréable, et pendant laquelle on ne fit que très-peu de chemin, se prolongea jusqu'à quatre heures et demie du soir, heure à laquelle la nuit commençait à tomber ; la caravane atteignit alors une clairière assez semblable à celle dans laquelle elle avait fait halte le matin.

Un énorme feu, ressemblant presque à un bûcher, flambait au milieu de la clairière. Benito Ramirez, debout devant ce brasier et les mains appuyées sur la bouche du canon de son fusil, attendait la troupe.

Les émigrants, regaillardis par la vue des flammes et pressés de réchauffer leurs membres engourdis par le froid, hâtaient le pas autant que cela leur était possible.

Les wagons furent dételés, les mules déchargées, et

l'on installa le campement le plus promptement possible ; mais comme on se proposait de passer la nuit entière dans cet endroit, on prit de sérieuses mesures de sûreté. Les wagons furent enchaînés en croix de Saint-André, l'espace laissé libre entre eux rempli par des abattis d'arbres, puis les tentes furent dressées ; les sentinelles posées tout autour du camp, et on alluma d'énormes feux de veille qui devaient être entretenus pendant toute la nuit.

Ce ne fut que lorsque ces précautions furent prises, que les aventuriers eurent la permission de préparer leur repas du soir ; soin dont ils s'occupèrent avec toute l'activité que peut donner un appétit excité par une longue course à travers de mauvais chemins.

Lorsque le capitaine eut passé une inspection sévère du camp et se fut assuré que tout était en ordre, il s'approcha du guide ; celui-ci accroupi devant le feu allumé par lui, fumait nonchalamment une cigarette.

— Chasseur, lui dit le capitaine du ton le plus amical, j'espère que vous passerez la nuit avec nous, et que vous accepterez de prendre votre part de mon souper?

— Je vous remercie de cette invitation, capitaine. Je ne vois nul inconvénient à rester ici cette nuit, et rien ne m'empêche de souper avec vous. Cependant ce sera, si cela vous est égal, à une condition.

— Laquelle, cher don Benito ? Si cela dépend de moi, elle est acceptée d'avance.

— Je ne vous demande qu'une seule chose, c'est que nous ne nous trouvions à table rien que des hommes?

— Bon! pourquoi me demandez-vous cela?

— C'est assez difficile à vous expliquer; je suis un chasseur, moi, capitaine, j'aime avoir mon franc parler; rien ne m'ennuie comme ces petites minauderies que font les femmes et les simagrées auxquelles elles contraignent les hommes pour leur être agréables; Dieu me garde de dire un seul mot qui porte atteinte au respect que je dois à la jeune señora avec laquelle vous m'avez fait souper hier; mais, *Rayo de Dios!* je vous avoue que je préférerais me coucher le ventre vide à me trouver de nouveau en face d'elle.

— Bon; rassurez-vous, vous ne la verrez pas; d'autant plus que nous avons à nous entretenir à son sujet, et qu'il est inutile qu'elle assiste à la conversation.

— S'il en est ainsi, je suis votre homme, capitaine.

— Eh bien! allons nous mettre à table.

Cinq minutes plus tard, le capitaine, Blue-Dewil et Benito Ramirez soupaient de compagnie et de fort bon appétit.

Lorsque les premiers plats eurent disparu, que l'appétit fut un peu calmé, le capitaine rapporta au chasseur sa conversation avec doña Rosario au sujet du changement de route proposé.

— Vous le voyez, capitaine, dit le chasseur en haussant dédaigneusement les épaules, les femmes sont toujours un embarras. Je suis sûr, sans vouloir l'offenser, que cette señora monte à cheval au moins aussi bien que vous et moi.

— Mais elle m'a dit le contraire, fit le capitaine.

— Caraï! cela se comprend; par esprit de contradiction, voilà tout! Dites blanc à une femme, il est évident qu'elle vous répondra noir, et *vice versâ*. Aussi je vous réponds bien, foi de chasseur! que jamais je n'embarrasserai mon existence d'une femme quelle qu'elle soit, fût-elle même la meilleure de toutes! Je craindrais trop d'y perdre.

—Diablos! fit Blue-Dewil en riant, vous ne me semblez pas, mon cher don Benito, un admirateur passionné du beau sexe.

— Moi, répondit le chasseur avec insouciance, je ne l'aime ni ne le déteste; il m'est complétement indifférent. Mon père, que Dieu ait son âme! était un homme d'un grand bon sens; il avait coutume de dire, qu'une femme dans une maison devait être considérée comme un meuble parfois utile, mais qu'on devait mettre de côté après s'en être servi. Quant à moi, je partage entièrement cet avis.

Les deux hommes éclatèrent de rire à cette singulière boutade.

— Ce qu'il y a de plus triste dans tout cela, dit le capitaine en reprenant son sérieux, c'est que nous voilà contraints de demeurer quatre ou cinq jours de plus dans cet effroyable pays.

— Ah! by God! s'écria Blue-Dewil, si vous le faites, capitaine, c'est que cela vous conviendra ainsi.

— Il le faut pourtant bien, fit le capitaine.

— Je ne vois pas cela du tout, reprit Blue-Dewil; j'ai pour principe qu'en toutes choses l'intérêt général doit passer avant l'intérêt particulier. Doña Rosario ne sait pas monter à cheval, dit-elle. Je l'admets, soit; mais s'ensuit-il de là que nous ne puissions pas l'obliger à nous suivre? Nullement.

— Voyons, expliquez-vous, dit le capitaine avec intérêt; que feriez-vous à ma place, vous l'homme aux expédients?

— Une chose bien facile, dit Blue-Dewil en jouant nonchalamment avec son couteau. Je choisirais parmi nos mules, celle qui a le pied le plus sûr; et nous en avons d'excellentes; je lui mettrais un bât très-commode, très-moelleux, je poserais doña Rosario sur ce bât après l'avoir bien emmitouflée de châles, de mantes et de couvertures, de crainte du froid, et je l'attacherais solidement sur la mule.

— Tiens! tiens! tiens! c'est une idée cela! Qu'en pensez-vous, chasseur?

Après avoir lancé à Blue-Dewil un regard d'une expression singulière, le guide reprit en riant.

— Caraï! vous connaissez, il me semble, parfaitement mon opinion; à quoi bon me la demander? Je partage en tout l'avis du señor Blue-Dewil.

— Eh bien! puisqu'il en est ainsi, dit le capitaine en frappant du poing sur la table, il sera fait ainsi que vous le dites, chasseur : demain, nous prendrons la route que vous m'avez proposée.

— C'est convenu, fit le guide.

La conversation fit un crochet, et on s'entretint d'autre chose.

II

OU IL EST PROUVÉ QUE POUR VOIR, IL FAUT REGARDER,
ET POUR ENTENDRE, ÉCOUTER.

Vers neuf heures du soir, Blue-Dewil et Benito Ramirez prirent congé du capitaine, et se levèrent de table.

Blue-Dewil pour aller se livrer au sommeil dont il paraissait littéralement accablé, et qui, pendant la conversation, fermait, malgré lui, ses paupières, ce qui l'obligeait à faire de continuels efforts pour se tenir éveillé et ne pas s'endormir la tête sur la table ; quant au chasseur, après mûres réflexions, il avait changé d'avis ; au lieu de passer la nuit au camp ainsi que d'abord il en avait manifesté l'intention, il préférait battre l'estrade au dehors, afin de surveiller les environs et de veiller ainsi au salut de tous.

Il souhaita donc le bonsoir au capitaine en lui annonçant la nouvelle résolution qu'il avait prise et en lui promettant de revenir le lendemain, deux heures environ avant le lever du soleil.

Blue-Dewil accompagna Benito Ramirez jusqu'aux retranchements, afin de le faire reconnaître par les sentinelles et donner l'ordre que passage lui fût livré.

Pendant ce très-court trajet, les deux hommes ne prononcèrent que quelques paroles banales et insignifiantes ; ils sentaient peser sur eux les regards du capitaine celui-ci, tout en fumant nonchalamment sa pipe sur le seuil de la tente, ne les perdait pas de vue.

Après avoir échangé un bonsoir assez bref, les deux hommes se séparèrent : Benito Ramirez s'enfonça dans le désert, et bientôt il disparut dans les ténèbres ; Blue-Dewil revint sur ses pas ; il aperçut de loin le capitaine rentrant dans sa tente dont le rideau retomba derrière lui.

Blue-Dewil se dirigea vers une espèce de cabane en branchage appuyée contre la paroi de la montagne et qui avait été construite pour lui ; il entra, mais malgré le froid il laissa entr'ouvert le rideau posé en guise de porte ; il fit plus, il n'alluma pas de feu, pas même de lumière ; après s'être assuré que personne ne se trouvait ni dans la cabane ni aux alentours, le lieutenant attira une malle à lui, la plaça près de la paroi de la montagne contre laquelle était appuyée la cabane, s'assit sur la malle, croisa les bras sur la poitrine, et demeura immobile.

Toute apparence de sommeil avait non-seulement disparu de son visage, mais encore, jamais il n'avait paru aussi éveillé ; ses regards étaient opiniâtrement fixés sur la tente occupée par le capitaine, et dont l'entrée se trouvait précisément en face de la place qu'il avait choisie; de façon qu'il pouvait surveiller tout ce qui se passait dans cette tente, sans craindre d'être aperçu lui-même, caché qu'il était par l'obscurité qui l'enveloppait d'un voile impénétrable.

Le capitaine Kild conservait de la lumière depuis environ une demi-heure ; Blue-Dewil aurait bien voulu savoir ce qu'il faisait, mais cela était impossible; ses regards ne se détournaient point de cette tente qui, pour lui, renfermait tant de mystères; malgré lui, il se sentait attiré vers elle; enfin cette attraction devint tellement forte, qu'il ne put y résister; il sortit sans bruit de la cabane et jeta un regard investigateur au dehors.

Un silence profond planait sur le camp plongé dans les ténèbres; les feux ne jetaient aucune lueur, une pluie fine et glacée tombait depuis le coucher du soleil ; les émigrants s'étaient abrités tant bien que mal sous les wagons, derrière les ballots, enfin partout où ils l'avaient pu, et dormaient roulés dans leurs couvertures ; les sentinelles elles-mêmes, le visage tourné vers la campagne, s'étaient blotties derrière les retranchements et celles d'entre elles qui ne dormaient pas cherchaient bien plus à se garantir de la pluie qu'à surveiller ce qui se passait au dehors ou au dedans du camp.

La lumière brillait toujours dans la tente du capitaine ; la tentation était trop forte, Blue-Dewil n'y résista pas ; il savait que dès qu'il se retirait pour la nuit, le capitaine se barricadait de telle sorte à l'intérieur qu'il était impossible de s'introduire près de lui contre sa volonté ; quant à l'espionner du dehors, cela était impossible ; d'abord personne ne s'y serait risqué ; il aurait été aussitôt découvert ; et quand même cela ne serait pas arrivé, le curieux en aurait été pour ses frais d'espionnage ; la tente était double ; il y avait un espace de près de trois pouces entre chacune des parois de toile goudronnée ; toutes ces précautions n'avaient évidemment été prises que pour des raisons très-sérieuses et afin que le capitaine, pendant les quelques heures qu'il passait renfermé, pût se délivrer de la contrainte continuelle qu'il s'imposait et redevenir lui-même, sans avoir à redouter de surprises.

Telles étaient les suppositions plus ou moins plausibles auxquelles se livrait Blue-Dewil depuis qu'il faisait partie de la troupe du capitaine Kild ; souvent, sans y réussir, il avait essayé de découvrir ce mystère qui l'intriguait si fort ; mais ces insuccès répétés, loin de calmer sa curiosité en lui prouvant l'inutilité de ces tentatives toujours avortées, lui avaient au contraire causé une surexcitation telle, qu'à tout prix, il voulait avoir le mot de cette énigme ; l'occasion qui lui était offerte en ce moment lui semblait si favorable qu'il résolut de ne pas la laisser échapper quelles qu'en dussent être pour lui les conséquences s'il était découvert.

Blue-Dewil, si fin que fût le capitaine Kild, l'était au moins autant que lui ; il ne faisait rien sans y avoir longtemps réfléchi ; il était patient, préparait longtemps à l'avance les moyens qu'il comptait employer dans l'exécution de ses projets ; aussi n'était-il jamais pris à l'improviste ; lorsque, le moment venu, il tentait une chose quelconque, s'il échouait, c'est que le hasard ou plutôt la fatalité se mettait contre lui.

Depuis trop longtemps notre homme roulait dans sa tête le projet de découvrir ce qui se passait dans la tente du capitaine, lorsque celui-ci s'y enfermait, pour que, profitant de ses insuccès passés, il ne se fût pas précautionné et n'eût pas pris ses mesures afin de réussir, la première fois qu'il essayerait de nouveau.

Ce jour-là, voici quelles étaient les dispositions qu'il avait prises.

Chaque fois que la caravane se mettait en marche, Blue-Dewil, en sa qualité de lieutenant, partait en avant avec une quinzaine d'hommes choisis; cette avant-garde était chargée d'abord et avant tout d'éclairer la route, puis, arrivée à l'endroit où l'on devait camper pour la nuit, elle faisait des abattis de bois destinés à former un retranchement, allumait les feux, dressait la grande tente occupée par doña Rosario, celles où devaient être renfermées les autres femmes et les enfants et enfin la tente du capitaine, dans la position la plus avantageuse.

Lorsque le gros de la troupe arrivait, les wagons et les ballots renforçaient le retranchement; on établissait quelques cabanes, et tout était dit; ce dernier travail durait à peine une demi-heure, le plus pénible ayant été fait par l'avant-garde.

Le premier soin du capitaine était de visiter minutieusement sa tente, de s'assurer qu'elle était disposée comme il l'entendait; il arrivait quelquefois qu'il la faisait changer de place et qu'il en surveillait lui-même l'établissement ; mais cela était rare ; si dans les premiers jours, la curiosité de ses gens avait été excitée, depuis deux mois cette curiosité avait eu le temps de se calmer ; d'ailleurs quel intérêt ces hommes accablés de fatigue, transis de froid, que surtout il payait bien, avaient-ils à essayer de surprendre des secrets pour eux sans valeur réelle ; et puis n'était-il pas toujours sur le qui-vive ? ne s'était-il pas assuré du dévouement relatif, à la vérité, mais suffisant des principaux de sa troupe ? telles étaient les réflexions faites plusieurs fois par le capitaine Kild, et, plus le temps s'écoulait, plus elles lui semblaient justes.

Il se trompait ; s'il ne se fût agi que d'une question de curiosité banale, son raisonnement eût été logique.

On se lasse de tout, même de la curiosité ; mais là n'était pas la question ; l'homme qui s'obstinait à découvrir son secret, avait pour cela des raisons de la plus haute importance ; donc, rien ne pouvait l'arrêter, que cette découverte même ; voilà ce que le capitaine ignorait, et ce que, si méfiant qu'il fût, il ne pouvait soupçonner; pas plus qu'il ne songeait à surveiller Blue-Dewil qui faisait constamment auprès de lui un travail de taupe, et auquel il était contraint par les circonstances où il se trouvait d'accorder toute la confiance que son caractère soupçonneux le rendait capable de mettre en un homme autre que lui-même.

En atteignant l'endroit où la caravane devait camper, Blue-Dewil avait immédiatement donné l'ordre de faire les abattis pour les retranchements ; puis, dès qu'il avait vu ses hommes sérieusement à l'ouvrage, il s'était mis à examiner et à étudier le terrain.

La position était belle, facile à défendre et très-intelligemment choisie par Benito Ramirez ; c'était une clairière assez vaste, au milieu d'une épaisse forêt escaladant les pentes abruptes d'une montagne ; à droite un immense bloc de rocher, d'une hauteur incalculable, s'élevait comme une muraille et défendait le camp contre toute surprise.

Une énorme roche semblable à l'arche rompue d'un pont cyclopéen, s'étendait en forme de voûte au-dessus de la clairière, dont elle couvrait un tiers environ, à une hauteur de cent mètres au moins ; à gauche les flancs de la montagne couverts par la forêt descendaient en pente douce.

Blue-Dewil s'attacha à examiner surtout les rochers dont nous avons parlé d'abord. Il reconnut bientôt que ces rochers, précipités du haut de la montagne à la suite d'un effroyable cataclysme, formaient un chaos de rocs entassés les uns sur les autres et qui, agrégés et soudés les uns aux autres par le temps, tout en formant en apparence un tout compacte, n'étaient en réalité maintenus dans la position qu'ils occupaient que par un miracle d'équilibre ; il fit une autre découverte encore, qui lui causa une joie si grande qu'il faillit se trahir, et que ce fut à grand'peine qu'il retint un cri de surprise.

Lorsque le retranchement fut terminé, il fit comme

à l'ordinaire dresser les tentes et allumer les feux.

Quant à la tente du capitaine, il la fit dresser sous l'arche formée par le rocher, dans une position des plus avantageuses, de façon à ce que toute la toile fût rejetée en avant; derrière et sur les deux côtés elle était inutile; le logement du capitaine se trouvant placé dans une excavation naturelle, et garanti ainsi par trois murailles de roches.

Le capitaine Kild fut tellement charmé de l'emplacement choisi par Blue-Dewil, pour son logement de la nuit, qu'il le félicita et le remercia chaleureusement; ce qui surprit tous les émigrants, qui connaissaient le caractère de leur chef, et le savaient surtout avare de compliments.

Le lieutenant s'inclina modestement, et alla s'occuper à se construire une cabane en branchages.

Au moment où Blue-Dewil, après avoir pris la résolution de tenter son audacieuse expédition, allait sortir de sa cabane, une ombre s'encadra dans la porte ouverte.

— Qui est là? demanda-t-il.

— C'est moi, le Pelon, maître, répondit le jeune homme d'une voix contenue; je me rends à vos ordres.

— Bien. Qu'as-tu fait?

— Ce que vous m'avez commandé, lieutenant, fit-il en se rapprochant; après avoir aidé le Chacal à panser Lingot, j'ai feint d'oublier le bidon de wisky camphré, ainsi que vous m'en aviez donné l'ordre.

— Parfait, et alors?

— Alors je me suis caché, mais de façon à bien voir ce que feraient les deux hommes.

— Qu'ont-ils fait?

— Ce que vous aviez prévu, lieutenant, le Chacal a pris le bidon, encore presque entièrement plein, et il l'a montré en riant à Lingot, alors, ils se sont mis à boire à la regalade, tout en se moquant de moi...

— Si bien?

— Si bien, lieutenant, que maintenant le bidon est vide, de sorte que Lingot et le Chacal sont ivres comme des futailles et dorment *a pierna suelta*, comme on dit en espagnol.

— Bon! qu'ils dorment; et les autres?

— Tout le monde dort; il n'y a d'éveillé dans le camp, que le capitaine, vous et moi, lieutenant.

— Tu en es sûr?

— Parfaitement sûr, les sentinelles mêmes ne voient plus rien.

— Très-bien, mon enfant; tu sais ce qui te reste à faire?

— Oui, lieutenant.

— Va, enfant, et souviens-toi qu'en obéissant strictement à mes ordres, c'est dans ton intérêt, et pour ta liberté que tu travailles.

— Je le sais, lieutenant, aussi vous pouvez compter sur moi, quoi que vous m'ordonniez.

— Je le sais et j'y compte; va, maintenant, il est l'heure; bientôt tu me reverras.

Le Pelon salua sans répondre et disparut.

— A moi maintenant, murmura Blue-Dewil en s'assurant que son bowie-kniff jouait bien dans sa gaîne et que ses revolvers étaient à sa ceinture; l'occasion est admirable; jamais je n'en retrouverai une pareille; si cette fois je ne réussis pas à découvrir ce que je cherche, il me faudra y renoncer;... allons.

Et après avoir lancé un dernier regard sur la lumière qui continuait de briller dans la tente du capitaine, il quitta définitivement la cabane.

Mais au lieu de traverser le camp et de se diriger directement vers la tente, Blue-Dewil tourna autour de sa cabane et longea les rochers en appuyant la main gauche sur la paroi; lorsqu'il eut atteint un buisson de plantes épineuses assez épais, le lieutenant, au risque de se déchirer les mains, écarta les branches, et presque aussitôt il disparut au centre même du buisson.

Cet homme semblait doué de la faculté que possèdent les fauves de voir dans les ténèbres; de ses paupières mi-closes s'élançaient des lueurs phosphorescentes comme de celles des tigres; il marchait sans hésiter avec une sûreté d'allure qui indiquait qu'il savait parfaitement où il allait et qu'il ne craignait pas de se tromper.

Après avoir entièrement traversé le buisson, il s'étendit sur le sol; et en rampant sur les mains et le ventre, il s'engagea dans une ouverture, formant au niveau du sol une espèce de soupirail, d'un mètre carré environ, mais si bien cachée, et défendue par le buisson épineux, qu'à moins de la connaître, il était impossible de la découvrir du dehors.

Benito Ramirez, en choisissant le campement, avait sur le buisson même, oublié, sans doute avec intention, une feuille de papier à cigarette qui s'était accrochée à une épine, et y était demeurée; c'est la vue de cette feuille de papier presque imperceptible, et dont Blue-Dewil s'était empressé de s'emparer, qui lui avait causé une si grande joie, et failli lui arracher un cri de surprise; sur le papier il avait lu les indications dont il avait besoin.

Après s'être glissé par l'ouverture, le lieutenant se trouva dans un boyau, large de près de deux mètres, haut de plus de cinq, dont le sol était d'un sable jaune, fin et poussiéreux, et qui tout en zigzaguant s'étendait sur toute l'étendue des rochers.

Le lieutenant se releva et tourna à droite; les ténèbres étaient si épaisses que, ainsi que le rapporte le dicton populaire, le diable lui-même, ce roi des ténèbres, aurait marché sur sa queue.

Blue-Dewil s'arrêta un instant pour réfléchir et calmer les battements précipités de son cœur, puis, après avoir répété mentalement le mot :

— Allons !

Il continua à s'avancer, mais en usant des plus minutieuses précautions, pour ne pas produire le moindre bruit, qui pût, si léger qu'il fût, le trahir.

Après avoir marché pendant sept ou huit minutes, qui lui parurent d'une durée interminable, le lieutenant aperçut tout à coup des lignes lumineuses qui rayaient la paroi gauche du souterrain.'

Il était arrivé derrière la tente du capitaine.

Blue-Dewil s'arrêta haletant, anxieux, en proie à une émotion qui agitait ses membres d'un tremblement convulsif; il respira longuement, puis, lorsque son sang-froid fut complétement revenu, et qu'il se crut sûr de lui-même, il fixa ses regards sur la paroi du souterrain et l'examina attentivement.

Il ne lui fallut que quelques secondes pour s'assurer que cette paroi était sillonnée d'un nombre de fissures assez larges pour qu'il lui fût possible de voir la tente ou plutôt la grotte dans toutes ses parties; une entre autres placée à environ quatre pieds et demi du sol, lui offrait un observatoire des plus commodes.

Le lieutenant appliqua l'œil à cette fissure et il regarda.

Mais presque aussitôt il se rejeta violemment en arrière.

Ses traits décomposés avaient une expression de surprise, presque d'épouvante impossible à rendre.

Il était livide, des gouttes de sueur perlaient à ses tempes.

— Mon Dieu! murmura-t-il intérieurement, ce n'est pas! ce ne peut pas être! j'ai mal vu! je me suis trompé!...

Il regarda de nouveau.

— C'est bien lui, reprit-il toujours mentalement, je le reconnais, le doute est impossible!... il n'est donc pas mort! Ah! démon! fit-il en serrant machinalement les poings, cette fois je te tiens, tu ne m'échapperas pas ! Oui, oui, le voilà, c'est l'outlaw ! le Danite sinistre ! Oh ! misérable ! comment est-il encore de ce monde ? mais maintenant j'ai son secret, qu'il tremble ! nous ne sommes pas ici dans les déserts de la Nouvelle-Hollande, ni dans les placers californiens ; tu es pris, Harry Brown !..

Après avoir ainsi laissé s'exhaler les sentiments qui l'agitaient et donné une issue à sa colère, Blue-Dewil sentit le calme rentrer dans son esprit ; il passa sa main sur son front moite de sueur ; son visage reprit son impassibilié première, et il appliqua de nouveau son œil à la fissure.

Cependant, en apparence du moins, ce que le lieutenant avait aperçu ne justifiait en rien l'émotion étrange qui s'était emparée de lui.

La grotte, assez vaste et assez haute, formait exactement la moitié d'un cercle qui, s'il eût été complet, eût eu environ vingt-deux mètres du sommet à la base, c'est-à-dire quarante-quatre mètres de tour. Un lit de fer pliant, sur lequel était un maigre matelas et une quantité de fourrures, avait été dressé au fond de la grotte ; plusieurs malles étaient empilées près du lit ; au milieu de la grotte se trouvait une table grossière, sur laquelle était posée une lanterne marine allumée ; une bougie, placée dans un flambeau de fer-blanc, aussi allumée ; un nécessaire de voyage ouvert, d'où sortaient plusieurs liasses de papiers. Ce nécessaire, en forme de doubles fontes, était chaque jour posé par le capitaine lui-même sur son cheval, et, quand on arrivait à la halte, il l'enlevait en mettant pied à terre et l'emportait avec lui.

Ce nécessaire imitait si complétement des fontes véritables, que Blue-Dewil lui-même, à qui cependant rien n'échappait, s'y était laissé prendre et n'avait jamais soupçonné la vérité.

Cette découverte avait son prix pour le lieutenant. Une fois l'identité du personnage bien établie, on trouverait là sans doute toutes les preuves nécessaires contre lui.

Puis, toujours sur la table, il y avait un buvard, du papier, de l'encre et des plumes.

Un homme, assis sur un escabeau grossier, écrivait, ou plutôt semblait prendre des notes.

Cet individu ne ressemblait en rien au capitaine Kild, à moins que ce ne fût par la taille, et encore, étant beaucoup plus élancé, paraissait-il plus grand.

C'était un jeune homme de trente ans au plus; il avait le visage ovale, le front large, échancré aux tempes ; ses cheveux d'un noir bleu, épais comme la crinière d'un lion, tombaient en larges boucles jusque sur ses épaules ; ses traits étaient beaux ; ses yeux grands, bien ouverts, surmontés de sourcils touffus, étaient toujours en mouvement; les prunelles avaient cette nuance insaisissable qui s'éclaircit ou s'assombrit suivant les émotions douces et terribles que l'âme éprouve en certaines circonstances; comme celles des fauves, elles se voilaient parfois presque tout entières, et alors elles lançaient de fulgurants éclairs d'une énorme puissance magnétique ; son nez droit, un peu recourbé à l'extrémité, et aux ailes mobiles qui se dilataient et se rétrécissaient à chaque seconde, surmontait une bouche largement fendue, ourlée de lèvres épaisses, sensuelles, d'un rouge de sang, et garnie de dents d'une éblouissante blancheur ; ses pommettes étaient un peu saillantes, et son menton, de forme carrée, était séparé en deux par une profonde fossette.

Certes, cet homme était beau dans la plus grande extension du mot ; partout il pouvait passer pour un cavalier accompli, et pourtant il y avait dans les rides profondes de son front, l'inquiétude de son regard, la pâleur olivâtre de son teint, le mouvement saccadé de ses narines qui semblaient aspirer le sang, le rire railleusement cruel qui se jouait sans cesse sur ses lèvres, une expression de férocité telle, qu'elle imprimait à cette physionomie singulière, un cachet d'étrangeté féline, qui faisait malgré soi courir un frisson de terreur dans les veines, quand on le regardait pendant deux ou trois minutes seulement.

Cet homme avait le visage complétement rasé, et de fort près, et, malgré le nom de Harry Brown que lui avait donné Blue-Dewil, rien en lui ne rappelait la race anglo-saxonne ; au contraire, une origine espagnole, mêlée de quelques gouttes de sang indien, se lisait parfaitement dans la forme de son visage, les grandes lignes de ses traits, et surtout dans ses cheveux noirs un peu rudes, et la teinte olivâtre de sa peau.

Quel qu'il fût, au reste, et en s'en rapportant aux réflexions faites à son sujet par Blue-Dewil, ce personnage ne devait pas être un scélérat vulgaire ; il y avait en lui un mystère que personne jusqu'à ce moment n'avait pu découvrir ; ce qui en faisait véritablement une énigme vivante.

Quelques minutes s'écoulèrent, pendant lesquelles cet individu continua à prendre des notes et à consulter divers papiers, qu'il classait, au fur et à mesure, avec tout le calme et toute la tranquillité d'un homme qui a la certitude qu'il ne sera dérangé par personne.

Il aurait été d'ailleurs fort difficile de pénétrer dans la grotte sans l'autorisation de son locataire, tant elle était soigneusement close ; de plus, deux revolvers à six coups, posés sur la table à portée de la main de notre personnage, auraient sans doute fait immédiatement justice de l'imprudent qui se serait présenté à l'improviste.

Enfin, l'inconnu repoussa les papiers étalés devant lui, posa le coude sur la table, la tête dans la main, et il sembla se plonger dans de profondes réflexions.

Mais Blue-Dewil, qui l'examinait attentivement, ne put rien lire sur ce visage, froid comme un bloc de marbre.

Dix fois le digne lieutenant avait éprouvé la tentation d'en finir avec cet homme en lui envoyant une balle dans la tête, ce qui lui eût été on ne peut plus facile ; dix fois sa main s'était crispée sur la poignée de ses re-

3.

volvers ; mais toujours le raisonnement l'avait emporté sur la passion, et sa main s'était lentement retirée.

Cet homme ne lui appartenait pas ; il appartenait à la société à qui il devait rendre compte de ses crimes ; elle seule avait le droit de disposer de lui et d'en faire une exemplaire justice.

Pendant près d'un quart d'heure, cet homme demeura ainsi immobile, les regards perdus dans l'espace ; causant mentalement avec lui-même ; enfin, il redressa la tête, se leva et fit deux ou trois tours dans la grotte, le front penché sur la poitrine et les bras derrière le dos.

Il s'arrêta, revint vers la table et s'occupa activement à ramasser ses papiers et à les replacer dans son nécessaire de voyage, qu'il ferma ensuite au moyen d'un secret, et qu'il cacha sous le chevet de son lit.

Tout en se livrant à cette occupation, il parlait à voix basse, selon l'habitude des gens qui manquent de confidents sur lesquels ils puissent compter ; cependant, il parlait assez haut pour que Blue-Dewil, en prêtant attentivement l'oreille, l'entendît parfaitement. Le lieutenant remarqua que cette voix n'avait pas le même timbre ni les mêmes modulations que celle du capitaine Kild. Chose singulière ! cet homme, en se parlant, s'exprimait en excellent espagnol, lui qui cependant était Anglais.

— Caraï ! disait-il ; ce démon de Blue-Dewil a eu la main heureuse aujourd'hui ; il y a longtemps qu'il ne m'a procuré une habitation aussi commode et surtout aussi sûre. Ce déguisement commençait à peser comme un manteau de plomb sur mes épaules ; j'avais besoin de redevenir un peu moi-même. Ah ! c'est bon de ne pas être obligé de se contraindre ; d'avoir, ne serait-ce que pour une heure, la liberté de son allure et de ses mouvements, sans craindre d'être vu et espionné. Bah ! encore quelques jours de patience, et, si Benito Ramirez m'a dit vrai, tout sera fini... Un charmant garçon, ce Ramirez, un peu brusque, un peu original, c'est vrai, mais pour lequel, Caraï ! je me sens, je ne sais pourquoi, une véritable inclination.

En entendant ces réflexions un sourire d'une expression assez problématique crispa les lèvres du lieutenant.

— D'ailleurs il m'a sauvé la vie, continua l'autre qui plaçait son nécessaire de voyage sous son chevet ; c'est quelque chose cela ; il est vrai que s'il m'avait connu il est probable qu'il m'aurait laissé dévorer par ce maudit ours gris ; Browoe ! j'en ai encore la chair de poule rien qu'en y songeant ; là, voilà qui est fait, maintenant remettons-nous dans la peau de cet estimable capitaine Kild ; en voilà un par exemple qui ne se doutait guère des services qu'il me rendrait après sa mort, lorsque notre association a été si brusquement rompue à notre départ de Déseret et grâce au coup de poignard que je lui ai si adroitement donné, tandis qu'il dormait ivre comme une éponge ; allons, allons, ne pensons plus à tout cela ! il est mort, il ne reviendra plus ; c'est le principal ; la Gorge aux Loups garde les secrets qu'on lui confie! mais minute, je ne veux pas me coucher avant d'avoir fait une ronde dans le camp, la prudence est la mère de la sûreté, dit le proverbe.

Tout en conversant ainsi avec lui-même, le bandit avait opéré sa métamorphose, il s'était remis ainsi que lui-même l'avait dit dans la peau du capitaine Kild et cela si complétement que Blue-Dewil lui-même qui était un artiste ne put s'empêcher de l'admirer, tant le déguisement était complet et bien réussi; rien n'avait été oublié de ce qui pouvait aider à l'illusion; la transformation était exécutée avec tout l'art désirable.

Mais comme après avoir repris sa figure et ses vêtements le capitaine commençait à défaire les barricades qui obstruaient la porte, le lieutenant ne jugea pas prudent de demeurer davantage.

Il abandonna son observatoire, retourna sur ses pas, se glissa par l'ouverture, franchit les buissons épineux; et après s'être assuré que personne ne le surveillait, il alla s'étendre devant l'entrée de la grande tente occupée par doña Rosario; et, bien enveloppé dans son manteau, il feignit de dormir, tout en conservant les yeux ouverts et en regardant du côté de la voûte.

A peine Blue-Dewil avait-il depuis dix minutes pris cette nouvelle position, qu'il vit se soulever le rideau de la tente et qu'il aperçut le capitaine, tenant en main une lanterne marine.

Le capitaine Kild fit consciencieusement la ronde qu'il avait projetée; plus d'une sentinelle qui s'était laissée aller au sommeil fut désagréablement réveillée par la rude main de son chef tombant sur son épaule, et reprit sa faction en maugréant.

Le capitaine s'éloignait en ricanant et allait réveiller plus loin un autre factionnaire d'une façon tout aussi désagréable ; tout en continuant ainsi sa promenade, le capitaine s'approcha de l'endroit où Blue-Dewil était étendu ; mais celui-ci qui le surveillait du coin de l'œil, bondit sur ses pieds un revolver de chaque main, en criant :

— Qui va là ? Arrière ou tu es mort !

— Ami ! ami ! répondit vivement le capitaine. By god ! voilà ce qui s'appelle faire bonne garde !

— Le capitaine ! reprit le lieutenant avec une surprise parfaitement jouée.

— Eh oui, moi ! et mais, continua-t-il en levant sa lanterne afin de reconnaître son interlocuteur, c'est vous, Blue-Dewil ?

— C'est moi, oui, capitaine.

— Comment se fait-il que ce soit vous que je trouve ici, et non le Chacal ?

— Par une raison bien simple, capitaine ; voici ce qui est arrivé :

— Bon, allez, j'écoute.

— Cet imbécile de Pelon, après avoir pansé avec du wisky camphré les blessures de Lingot, ou du moins ses contusions, ainsi que vous en avez donné l'ordre...

— C'est vrai, eh bien ?

— Eh bien, il a oublié le bidon.

— Alors je comprends tout, fit le capitaine en riant ;

Lingot et le Chacal se sont administré le remède à l'intérieur.

— Juste, capitaine ; et si bien administré même, qu'ils n'ont pas laissé une goutte de wisky dans le bidon ; de sorte qu'ils sont tous deux si complétement ivres, qu'ils dorment comme des pourceaux ; alors, sachant combien vous tenez à ce que cette tente soit toujours soigneusement surveillée, je me suis couché là pour remplacer cet animal de Chacal.

— Vous avez parfaitement agi, et je vous en sais gré, lieutenant ; continuez, moi je rentre ; il fait un froid de loup et je tombe de sommeil ; bonsoir, Blue-Dewil ; bonne garde !

— Soyez tranquille, capitaine, répondit-il en se recouchant sur le sol.

Le capitaine Kild rentra dans sa tente ; presque aussitôt la lumière s'éteignit.

Blue-Dewil se leva et siffla doucement.

Le Pelon parut.

— Veille, et à la plus légère alerte, préviens-moi ; couche-toi à ma place.

Le Pelon obéit sans répondre, et Blue-Dewil disparut dans la tente de doña Rosario.

III

COMMENT DOÑA ROSARIO REÇUT LA VISITE DE DON OCTAVIO DE VARGAS D'ALBACEYTE

Pendant que Blue-Dewil épiait si audacieusement le capitaine, et que malgré les minutieuses précautions prises par celui-ci pour assurer son incognito, il le contraignait, sans qu'il s'en doutât, à poser devant lui à visage découvert, il se passait dans la tente occupée par doña Rosario, certains événements, qu'il est de notre devoir de rapporter.

Après le départ du capitaine Kild, la jeune fille avait eu une longue conversation avec son amie Harriett Dumbar ; conversation dans laquelle il avait été convenu que la jeune Irlandaise, ainsi que d'ailleurs cela lui arrivait très-souvent, ne se retirerait pas pour la nuit auprès des autres prisonnières, où elle avait sa place marquée ; mais qu'elle tiendrait compagnie jusqu'au jour à celle qu'elle s'était donnée si gentiment pour maîtresse et à laquelle, avec son caractère si aimant, elle avait voué un dévouement à toute épreuve.

Doña Rosario attendait la visite de don Octavio de Vargas.

A quelle heure viendrait-il? Comment réussirait-il à parvenir jusqu'à elle? La jeune fille l'ignorait complétement; mais elle avait foi en la promesse de don Octavio, et, le cœur serré par l'inquiétude, elle se prépara à le recevoir.

Sur l'ordre de doña Rosario et avec l'aide du Pelon qu'elle avait requis à cet effet, Harriett Dumbar s'occupa d'abord à recouvrir la toile de la tente à l'intérieur de *petates*, sur lesquels elle suspendit des fourrures semblables à celles qui déjà formaient la tenture.

Ce surcroît d'épaisseur donné aux murailles de toile eut le double avantage d'augmenter la chaleur du retrait habité par la jeune fille, et de ne plus laisser filtrer au dehors le plus mince filet de lumière, qui dénonçât que doña Rosario veillait, au lieu de se livrer au sommeil.

La lampe d'argent suspendue, destinée à éclairer le compartiment, fut recouverte d'une gaze verte qui en diminua la clarté, et donna quelque chose de mystérieux à la lueur presque crépusculaire qui régna dès lors dans ce retrait parfumé, où grâce au brasero rempli de la cendre brûlante des noyaux d'olives, se répandit une douce et moite chaleur.

Puis, doña Rosario congédia le Pelon et s'étendit à demi sur son hamac; Harriett se plaça sur un coussin à ses pieds, et les deux jeunes femmes, en proie à toutes les anxiétés de l'attente, demeurèrent les regards curieusement fixés sur le cadran d'une charmante pendule, du plus pur rocaille, posée sur un piédouche.

Par ordre exprès du capitaine Kild, toutes les lumières sans aucune exception devaient être éteintes dans le camp à dix heures précises ; la ronde, que chaque soir il faisait avant de se retirer pour la nuit, avait surtout pour objet de s'assurer que cet ordre était ponctuellement exécuté.

Ce soir-là comme tous les autres jours, le capitaine passa une ronde minutieuse, mais il ne découvrit aucune désobéissance à ses ordres ; la tente de doña Rosario, comme toutes les autres, était, ou du moins paraissait être, du dehors, plongée dans une obscurité complète.

Doña Rosario dormait ; le capitaine se frotta les mains avec une évidente satisfaction, et la ronde terminée, il se retira dans sa tente, où il se barricada soigneusement.

Nous avons rapporté dans notre précédent chapitre comment toutes ses précautions furent déjouées par Blue-Dewil.

Après avoir quitté le lieutenant, le Pelon, avec cette obéissance passive que nous lui connaissons, et cette finesse qu'il dissimulait si bien sous une apparence un peu niaise, se mit en devoir d'exécuter les ordres qu'il avait reçus.

Il était un peu plus de dix heures et demie ; la nuit était noire, l'obscurité profonde ; la pluie ne discontinuait pas, et, poussée par le vent, elle fouettait avec un bruit sec et continu sous la voûte naturelle formée par la roche jetée comme un pont aérien dans l'espace ; le Pelon semblait insensible au froid et à la pluie qui pénétraient les légers vêtements dont il était à peine couvert ; il se glissa comme un serpent le long des parois des rochers, traversa le camp dans toute sa largeur ; arrivé à l'endroit où se terminait l'esplanade et où les flancs de la montagne s'infléchissaient et formaient dans les ténèbres un gouffre insondable, il s'arrêta un instant et jeta autour de lui un regard anxieux, comme pour s'assurer qu'il était bien seul.

Mais ce fut vainement qu'il essaya de sonder l'obscurité ; elle était si épaisse, si intense, qu'à deux pas, il était littéralement impossible de distinguer le moindre objet.

Convaincu que si, lui, ne voyait pas, ceux qui par hasard tenteraient de l'espionner ne pourraient pas le voir davantage, et rassuré par cette réflexion pleine de sens, le jeune homme commença activement à se débarrasser d'un *lasso* en cuir tressé enroulé autour de sa ceinture ; il assujettit solidement ce lasso au tronc d'un chêne gigantesque, qui s'élevait précisément sur la lèvre même du précipice, et après avoir *lové* avec soin dans sa main ce qui restait libre du lasso, il se pencha sur le gouffre et imita avec une perfection rare, le sifflement railleur du serpent-fouet.

Presque aussitôt un sifflement pareil se fit entendre dans le fond du précipice.

Ce signal fut répété trois fois de part et d'autre sans

éveiller l'attention ; d'ailleurs la plupart des sentinelles étaient endormies ; à la troisième réponse le Pelon fit tournoyer vigoureusement le lasso autour de sa tête, et, comme il avait eu la précaution d'attacher à son extrémité une pierre d'une certaine grosseur, il le lança dans l'espace avec la force d'une catapulte.

Quatre ou cinq minutes s'écoulèrent ; puis, un nouveau sifflement se fit entendre et le lasso se tendit.

Le Pelon respira avec un mouvement convulsif, comme un homme délivré d'une angoisse poignante.

En effet, ce n'était pas chose facile, au milieu de ces ténèbres épaisses, et sans autre guide que le hasard, de lancer à travers l'espace une corde, précisément à portée de la main de celui qui sans doute l'attendait ; mais le hasard l'avait favorisé ; le Pelon ne conservait plus de doutes à cet égard, et il laissa sa respiration qu'il avait longtemps retenue reprendre son cours.

Bientôt un homme apparut sur la lèvre du précipice et d'un bond sauta sur l'esplanade.

— Merci, Pelon, dit-il aussitôt à voix basse.

— Remerciez Dieu, señor don Benito ; c'est lui qui a tout fait, répondit le jeune homme.

— C'est juste : il a dirigé le lasso, mais toi tu le tenais en véritable *ginete*. Ainsi, merci encore ; hâte-toi maintenant de faire disparaître les traces de mon passage, et allons ; il est tard.

— Est-ce que vous ne repartirez point par ici ?

— Non, c'est assez pour une fois, *hijo* ; j'ai failli cent fois me rompre les os. D'ailleurs cela me ferait perdre trop de temps ; ce n'est pas sortir du camp qui m'embarrasse ; hâte-toi donc.

Le Pelon détacha le lasso et le roula autour de son corps ; ce fut l'affaire de deux ou trois minutes.

— Je suis à vos ordres, don Benito, dit-il.

— Tu as terminé ?

— Oui.

— Alors conduis-moi ; je suis incapable de me diriger moi-même ; je n'y vois goutte.

— Bon ! que cela ne vous inquiète pas ; venez, je connais le chemin.

— Et Blue-Dewil, où est-il ?

— Je ne sais pas ; vous auriez voulu le voir ?

— Oui, j'aurais désiré lui dire quelques mots.

— Qui sait ? Peut-être le rencontrerez-vous avant de quitter le camp.

— Au fait, c'est possible ; tu as raison ; allons, allons, en route.

— Je vous attends.

— Bien ; alors me voilà.

— Plus un mot.

— Je suis muet comme une tanche.

Ils se mirent en marche.

Le Pelon conduisait don Benito Ramirez littéralement par la main ; il suivait la même direction qu'il avait prise pour venir, ouvrant l'oreille au moindre bruit si léger qu'il fût et plongeant ses regards dans les ténèbres, mais sans qu'il lui fût possible de rien distinguer ; mais peu importait au Pelon ; il semblait reconnaître instinctivement son chemin; il allait en avant sans hésiter, comme s'il eût fait grand jour.

Cette marche hasardeuse se continua ainsi pendant environ dix minutes, puis le Pelon s'arrêta.

— Vous voici arrivé, dit-il à voix basse.

— Nous sommes près de sa tente? répondit-il sur le même ton.

— A deux pas de l'entrée, le reste vous regarde, señor.

— Non pas, Caraï! comment ferai-je? je ne suis jamais allé plus loin que la salle à manger; je commettrai quelque bévue qui donnera l'éveil et tout sera perdu.

— C'est juste; pardonnez-moi, señor don Benito; je n'avais pas songé à cela; suivez-moi.

— A la bonne heure ainsi; mais un moment encore? où te retrouverai-je au cas où j'aurais besoin de toi?

— Ici même, à la place où nous sommes, señor; ne dois-je pas veiller à votre sûreté?

— C'est vrai; tu as toujours raison; je ne sais plus ce que je dis, ni ce que je fais; la seule pensée de la revoir me bouleverse tellement que, sur l'honneur, je crois que je deviens fou!

— Soyez homme, señor; songez que dans cette entrevue, vous risquez non-seulement votre vie, ce qui ne serait rien, mais encore celle si précieuse de doña Rosario!

— Cette pensée m'épouvante; mais elle me redonne le courage qui m'abandonnait; maintenant je me sens fort ; quoi qu'il arrive, je saurai me conduire en homme : marchons.

— Venez et surtout, plus que jamais, silence !
— Bon, sois tranquille.

Ils pénétrèrent alors dans la tente, dont l'épais rideau alourdi par la pluie, retomba derrière eux avec un craquement sourd dont le bruit sinistre les fit malgré eux tressaillir.

Depuis près d'une demi-heure, les deux jeunes filles n'avaient pas échangé une parole ; le bruit sec produit par l'échappement de la pendule se fit entendre et le timbre sonna.

— Onze heures ! murmura tristement doña Rosario ; onze heures, et il ne vient pas encore.

— Le voilà, maîtresse ! répondit Harriett en se levant vivement.

La jeune fille se retourna brusquement : un cri étouffé jaillit de ses lèvres.

Don Benito Ramirez, ou plutôt don Octavio de Vargas, debout dans l'entrebâillement de la porte et tenant le rideau à demi soulevé, la contemplait avec une expression que nul peintre ne saurait rendre.

Il était pâle ; sa main droite s'appuyait sur son cœur, comme pour en comprimer les battements ; ses yeux semblaient lancer des éclairs, et une joie immense rayonnait sur son mâle et beau visage.

Sans prononcer une parole, les yeux fixés sur ceux de la jeune fille qui lui souriait avec une expression ineffable, il fit quelques pas, et vint s'agenouiller sur le coussin qui un instant auparavant servait de siége à miss Harriett.

Celle-ci s'était reculée dans l'angle le plus éloigné de la pièce, où elle demeurait immobile, souriante et rêveuse.

— C'est vous, vous enfin! vous que depuis un an bientôt je cherche sans espoir! murmura doucement le jeune homme. Dieu soit béni qui a permis que je vous retrouvasse! oh! que j'ai souffert pendant cette longue séparation.

— Et moi? répondit-elle, ingrat, croyez-vous donc que je n'ai pas souffert, hélas! nul ne saura jamais ce que peut contenir de larmes le cœur d'une femme aimante!

— Pauvre Rosario! si malheureuse, hélas!

— Oh! oui, bien malheureuse, allez, don Octavio; j'ai horriblement souffert pendant cette année, seule avec ma douleur, n'ayant près de moi personne à qui faire partager ce poids de souffrance qui m'accablait, entourée de misérables qui ont fait de moi une esclave; sans amis, sans soutiens, dans un pays inconnu, loin de tout ce qui m'était cher, me croyant oubliée.

— Oh! vous n'avez pu croire que je vous avais oubliée, señora; cela n'est pas, ne saurait être! s'écria-t-il en se redressant et fixant sur la jeune fille un regard désespéré.

— Hélas! don Octavio, reprit-elle doucement, le malheur rend injuste; il rend méchant; les meilleurs natures se sentent défaillir; elles succombent sous ses implacables étreintes de fer ; il faut être bien fort, pour lutter à chaque seconde sans faiblir, contre les coups sans cesse répétés de l'infortune ; et moi, je ne suis qu'une jeune fille, presque une enfant, dont les premières années se sont écoulées dans le calme, la joie et le bonheur ; entourée d'êtres qu'elle chérissait et dont elle était chérie ; au premier souffle de l'ouragan terrible qui, à l'improviste, m'assaillait et s'acharnait sur moi, j'ai succombé, je me suis sentie mourir.

— Mourir ! vous Rosario ! oh ! ne prononcez point ce mot horrible ; me voilà, vos douleurs vont finir, je vous le jure ; je vous sauverai ; je suis fort, moi ! et je vous aime, Rosario, je vous aime, ne le savez-vous pas ?

— Vous me l'avez dit, murmura-t-elle d'une voix presque indistincte, mais l'amour résiste-t-il à l'absence ?

— Rosario, ma bien-aimée, ne blasphémez pas le sentiment le plus pur et le plus noble que Dieu ait mis au cœur de ses créatures ; je vous aime, vous dis-je, et maintenant que je vous ai retrouvée, rien au monde ne pourra nous séparer de nouveau ; je vous sauverai, je vous le jure !

— Oh ! je vous crois, don Octavio ; je n'avais pas besoin de cette nouvelle preuve de dévouement que vous me donnez, pour être assurée de votre amour ! pourquoi ne serais-je pas franche avec vous ? Si j'ai supporté la douleur jusqu'à présent, si j'ai vécu, enfin, c'est que j'ai toujours espéré, que j'ai eu foi en vous, mon bien-aimé Octavio, que j'avais la conviction que vous ne m'abandonneriez pas.

— Jamais, jamais, Rosario ! s'écria-t-il avec feu ; moi aussi, j'ai eu des luttes à soutenir, des obstacles à vaincre ! mais tout est fini ; maintenant ce n'est plus qu'un rêve ; je suis heureux, oh ! bien heureux, car je suis près de vous !

Et, s'emparant des mains mignonnes que lui abandonnait la jeune fille, il les couvrit de baisers de flamme.

Doña Rosario, penchée vers lui, le regardait les lèvres souriantes et les yeux brillants de douces larmes.

— Oh ! murmura-t-elle, je suis déshabituée du bonheur depuis si longtemps, que, malgré moi, celui que j'éprouve en ce moment me fait peur ; prenez garde, Octavio, les hommes contre lesquels vous allez combattre sont des bandits féroces, des scélérats sans foi ni loi ; ils sont nombreux surtout.

— Nous aussi, ma bien-aimée, nous sommes nombreux ; je ne me suis pas mis à votre recherche sans prendre les précautions nécessaires ; j'ai des amis, des hommes braves, des cœurs forts, ils m'ont promis de m'aider, je compte sur eux ; il en est un surtout...

— Valentin Guillois, n'est-ce pas ? s'écria-t-elle vivement.

— Oui, c'est ainsi qu'on le nomme, je crois ; un Français ?...

— C'est cela, c'est cela ! Vous le connaissez ?

— Pas encore, chère Rosario, mais je lui suis fort

recommandé ; cette nuit même, je dois le rencontrer ; mais vous-même, vous le connaissez donc?

— Mais oui, oublieux que vous êtes, et vous aussi.

— Moi?

— Certainement, vous! Pendant notre traversée du Brésil à la Nouvelle-Orléans, ne vous ai-je pas parlé cent fois peut-être, d'un ami dévoué de mon père, qui, depuis près de vingt ans, parcourt les grands déserts américains?

— C'est possible.

— Ne vous ai-je pas dit que si j'étais assez heureuse pour que Dieu plaçât sur ma route cet homme et un chef indien son ami, ils m'enlèveraient à don Miguel? qu'ils me sauveraient enfin ?

— Pardonnez-moi, Rosario, répondit-il en couvrant de baisers les mains que la jeune fille ne lui avait pas retirées, je suis bien coupable ; je le sens, je le vois ; mais lorsque je suis près de vous comme je le suis en ce moment, qu'il m'est permis de plonger mon regard dans le vôtre, de m'enivrer du son mélodieux de votre voix, de vous dire comme je le fais, que je vous aime, que je vous aimerai toujours, j'oublie tout ce qui n'est pas vous-même, pour ne me souvenir que de mon amour; votre beauté me fascine à ce point que je m'absorbe en vous ; il me semble que nos âmes se fondent en une seule et que je deviens une partie de vous-même.

— C'est étrange, Octavio, ce que vous éprouvez, je le ressens moi aussi, tel que vous me le dépeignez; loin de vous, tout m'est ombre ; votre présence illumine mon être tout entier et fait courir dans mes veines des frissons de bonheur ; que signifie donc cela, mon bien-aimé Octavio ?

— Cela signifie, ma Rosario chérie, que nous nous complétons l'un par l'autre ; que chacun de nous emporte avec soi une partie des forces vives de l'autre ; que, séparés, nous ne pourrions vivre longtemps, et que si cette séparation était sans espoir de nous revoir, la vie nous abandonnerait aussitôt.

— Oui, je le sens, Octavio ; tout ce que vous dites est vrai ; voilà pourquoi il ne faut plus de séparation entre nous ; cette fois, ce serait la mort, et je veux vivre, moi ! Maintenant que je sais que vous m'êtes resté fidèle ! je veux vivre pour être heureuse avec vous et par vous.

— Vous dites vrai, mon cher amour, il faut qu'il en soit ainsi ; mon cœur se gonfle de joie, j'ai la certitude que votre foi en moi n'a jamais failli. Courage ! quelques jours encore, et vous serez sauvée.

— Octavio, n'oubliez pas Valentin Guillois ; il a juré de nous protéger ; lui aussi, il peut beaucoup pour moi.

— Je le sais, ma Rosario chérie, aussi je vous le répète, toutes mes mesures sont prises ; cette nuit même je verrai Valentin ; j'ai la conviction que cette première entrevue sera non-seulement amicale, mais paternelle ; nous nous concerterons immédiatement pour presser le plus possible le moment où vous serez enlevée de ce camp maudit.

— Que Dieu vous protége, Octavio! avec son aide vous réussirez.

— Oui, et de plus j'ai pratiqué des intelligences parmi les hommes eux-mêmes du capitaine Kild.

— Prenez garde, Octavio, tous les individus qui se trouvent ici sont des bandits de la pire espèce.

— Je le sais, ma Rosario chérie ; aussi soyez bien convaincue que je n'agis qu'avec la plus extrême prudence ; je n'ai encore que deux amis dans le camp, le lieutenant...

— Ah ! s'écria-t-elle joyeusement, vous vous entendez avec Blue-Dewil.

— Certes, ma mignonne ; s'il ne m'avait pas aidé serais-je parvenu jusqu'à vous ; c'est lui qui m'a engagé à vous demander cette entrevue ; je ne sais comment il a manœuvré, mais il a réussi à aplanir toutes les difficultés ; de plus il m'a abouché avec un jeune homme, presqu'un enfant, qui lui aussi m'a été très-utile, je vous le jure ; sans son dévouement je n'aurais jamais réussi seul à m'introduire près de vous.

— Ah! vous voulez parler du Pelon, dit-elle avec un charmant sourire.

— C'est de lui en effet que je vous parle; mais pardon, chère-bien aimée ; vous connaissez ces deux hommes depuis longtemps?

— Je les connais depuis que j'ai quitté les États-Unis avec les misérables qui se sont emparés de moi.

— Eh bien, que pensez-vous d'eux? quelle est votre opinion sur leur compte?

— Quelle est mon opinion sur le compte de Blue Dewil et du Pelon ?

— Oui, chère Rosario ; vous comprenez que moi qui ne suis ici que depuis quelques jours, je les connais à peine, ou pour mieux dire pas du tout ; ils m'ont rendu à la vérité de grands services ; ils disent vous être dévoués ; mais en somme rien ne me prouve encore à moi que ce dévouement soit réel, je crains de m'être trompé et d'avoir commis une lourde faute en me fiant à eux comme je l'ai fait ; rien ne ressemble plus à un homme dévoué qu'un traître, et entre nous je vous avoue que ce diable de Blue-Dewil n'a pas une physionomie engageante ; j'en ai peu rencontré d'aussi patibulaire.

Doña Rosario se mit à rire.

— Pauvre Blue-Dewil, dit-elle en riant toujours, sa figure lui fait grand tort ; mais ce n'est pas de sa faute s'il est si laid.

— Certes non, répondit le chasseur sur le même ton ; et de plus ce n'est pas une raison suffisante pour se méfier de lui.

— Vous auriez tort de vous méfier de Blue-Dewil, mon cher Octavio, répondit la jeune fille redevenant sérieuse, c'est un honnête homme ; dévoué et sur lequel je compte entièrement.

— Vous me dites là ce que vous pensez, chère Rosario ?

— Oui, mon ami ; Blue-Dewil, j'en ai la preuve entre les mains, n'a été placé près de moi que pour me servir et me venir en aide au besoin.

— Placé près de vous?.. je ne vous comprends pas, ma Rosario chérie; que voulez-vous dire? qui donc l'a placé ainsi près de vous, je vous prie?

— Qui, Octavio? cet ami dont je vous parlais il n'y a qu'un instant, Valentin Guillois.

— Valentin Guillois! s'écria-t-il avec un dépit mal déguisé, vous ne me parlez en effet que de cet homme ; vous avez donc en lui une grande confiance?

— Sans bornes, mon ami. Valentin Guillois a sauvé dix fois peut-être la vie à mon père; ma mère avait pour lui un respect qui était presque de la vénération; maintenant que je suis seule au monde...

— Seule au monde! vous, Rosario? s'écria-t-il avec douleur, et moi ne suis-je donc rien pour vous!

— Jaloux! fit-elle avec un adorable sourire, vous n'est-ce donc pas moi?

— Oui, Rosario, oui, c'est vrai, pardonnez-moi, j'étais fou.

— Je vous pardonne, Octavio, parce que vous ne connaissez pas Valentin Guillois; cet homme qui est à lui seul aujourd'hui toute ma famille; que je n'ai jamais vu et que pourtant j'aime et je vénère comme s'il était mon père; voyez-le, Octavio; et lorsque vous aurez causé cinq minutes seulement avec lui, votre cœur sera changé, et vous éprouverez pour lui le même sentiment qu'il m'inspire.

— Soit, chère Rosario, et c'est croyez-le bien, d'autant plus probable que cet homme extraordinaire jouit d'une réputation immense parmi les chasseurs, les trappeurs et même au milieu des tribus indiennes; les Peaux-Rouges ont pour lui le plus grand respect; ils le consultent dans leurs querelles et leurs différends ; et toujours ils se soumettent sans murmurer à la sentence qu'il a prononcée; oui, oui, Rosario *de mi alma*. J'ai le plus vif désir de me rencontrer face à face avec cet homme étrange et de le trouver tel qu'on me l'a représenté et que vous-même me l'avez dépeint.

— Lorsque vous le connaîtrez, je vous le répète, cher Octavio, vous sentirez combien sont faibles toutes les louanges qu'on lui adresse comparées à celles que véritablement il mériterait.

— Bien, bien, belle enthousiaste, je m'avoue vaincu, je vous rends les armes; revenons, s'il vous plaît, à Blue-Dewil.

— D'accord, cher Octavio mio, en quoi puis-je vous être agréable à son sujet?

— En me prouvant, ma bien-aimée, que vous ne vous trompez pas sur le compte de cet homme, et que vous êtes bien sûre de ce que vous avancez.

— Je n'avance rien qui ne soit rigoureusement vrai, mon ami ; ainsi que je vous l'ai dit, les preuves sont entre mes mains, pardonnez-moi de ne pouvoir vous les montrer, c'est un secret qui m'a été confié, et que j'ai promis de garder.

— Je n'insiste plus, je vous crois, Rosario, et pourtant il y a dans cet homme quelque chose de mystérieux que je ne puis définir et qui m'inquiète; il est évident pour moi qu'il porte un masque, fort laid, à la vérité, mais qui n'en est pas moins un masque.

— Il est approprié au rôle qu'il joue ici, *querido* Octavio; ce masque vous inquiète, fit-elle avec une raillerie charmante. Eh! Dios mio, vous-même êtes-vous ce que vous paraissez? Non, n'est-ce pas? Tous nous portons des masques ici, jusqu'au terrible capitaine Kild.

— Quant à celui-là, dit une voix sombre, il est tombé.

Les jeunes gens se retournèrent en étouffant un cri de terreur.

Harriett Dumbar, dans la cachette où elle s'était réfugiée, tremblait comme la feuille.

— Qu'est-ce à dire? s'écria le chasseur en s'avançant vers le lieutenant immobile et pâle devant la portière encore agitée.

Blue-Dewil l'arrêta froidement, d'un geste irrésistible.

— Je veux dire, reprit-il, que si votre masque et le mien nous conservent encore notre incognito, il n'en est plus de même du capitaine Kild, j'ai fait tomber le sien, j'ai enfin réussi à voir son visage.

— Il serait possible! s'écria doña Rosario en joignant les mains.

— Vous avez réussi! fit le chasseur avec joie.

— Oui, grâce aux indications que vous m'avez laissées, señor, et dont je vous remercie.

— Ainsi vous l'avez vu?

— Oui, à visage découvert, face à face, pendant plus

d'une demi-heure, sans qu'il lui fût possible de soupçonner que je l'épiais.

— Et voilà pourquoi en entrant...

— J'ai prononcé les paroles que vous avez entendues, oui, señor. Vous craignez, ajouta-t-il avec un sourire railleur, que je n'aie écouté votre conversation ; rassurez-vous, je n'écoute que lorsque j'ai un puissant intérêt à le faire ; seules les dernières paroles prononcés par la señora ont frappé mon oreille.

— Peu importe, señor, répondit doña Rosario, vous n'auriez cette fois, ce qui est rare quand on écoute, entendu que du bien de vous ; et cet homme, parlez-nous de cet homme, je vous en conjure.

— Je suis venu précisément pour cela, señorita, mais le temps nous presse ; je serai bref. L'homme qui commande ces bandits et qui se fait appeler Kild, est jeune, il a trente ans à peine ; il est d'un brun olivâtre, on le prendrait pour un Espagnol ; il est beau, de cette beauté fatale, qui révèle les mauvais instincts, et respire le meurtre et la rapine ; sous le nom de Harry Brown, auquel il a donné une célébrité sinistre, il a été *outlawed*, c'est-à-dire mis hors la loi, par le gouvernement des États-Unis. Maintenant, ce nom est-il bien réellement le sien ? ou n'est-ce qu'un pseudonyme sanglant, sous lequel se cache une personnalité plus sanglante encore ? ceci je l'ignore ; mais je le saurai bientôt ; et qui sait ? peut-être ce soi-disant Harry Brown n'est-il autre que ce Cornelio Bustamente dont vous m'avez fait le portrait, señorita ?

— Je ne sais pourquoi, en vous écoutant, cette pensée m'est venue à moi-même, señor; et plus j'y songe, plus elle se change en certitude dans mon esprit; d'ailleurs ce Cornelio Bustamente était l'ami, l'obligé même, de don Miguel Tadeo de Castel-Leon.

— Et il s'est fait son âme damnée pour l'exécution de l'odieuse machination dont vous avez été la victime, dit vivement le lieutenant, mais don Miguel Tadeo, ce démon, ce maudit qui tient tous les rouages de cette sanglante et horrible combinaison, où est-il, lui? Que fait-il? Comment a-t-il réussi à dissimuler, et à faire perdre si complétement ses traces? Voilà ce qu'il nous importe de savoir, et ce que je saurai bientôt, je vous le jure, si Dieu me vient en aide!

— Mais comment? par quels moyens? s'écria vivement le chasseur.

— Ceci me regarde, señor, dit-il un peu sèchement; je tiens un fil, cela me suffit; bientôt tout l'écheveau sera dans mes mains; ayez foi en moi, et laissez-moi faire; j'ai juré à master Valentin Guillois de réussir, je réussirai ou mon cadavre blanchira sur les sables du désert.

— Oh! señor Blue-Dewil, j'ai en vous la foi la plus entière.

— Je vous remercie, señorita; mais l'heure nous presse, nous perdons un temps précieux; señor Ramirez, il est temps de me suivre.

— Déjà! ne put s'empêcher de s'écrier la jeune fille.

— Il le faut pour que je puisse vous revoir, ma Rosario chérie; señor Blue-Dewil, je ne vous demande que cinq minutes pour prendre congé de la señora.

— Cinq minutes soit, mais pas une de plus, répondit le lieutenant.

Il souleva la portière et disparut.

La séparation des deux jeunes gens fut navrante, ni l'un ni l'autre ne pouvait s'y résoudre; doña Rosario sanglotait en se tordant les mains avec désespoir; enfin le chasseur réussit à s'arracher de ses bras, il confia la jeune fille, presque évanouie, aux soins d'Harriett Dumbar, et à demi fou de douleur il se précipita au dehors, après avoir, d'une voix étouffée, jeté un dernier et suprême adieu à celle qu'il aimait d'une passion si chaste et si profonde; son cœur se brisait, il lui fallut quelques minutes pour reprendre son sang-froid; si Blue-Dewil, toujours impassible, ne l'avait point soutenu, au premier pas, il serait tombé.

Le lieutenant le guida avec une sollicitude paternelle à travers le camp, le lui fit traverser sans encombre, et lorsqu'il se fut éloigné, chancelant encore et brisé par l'émotion, il suivit dans les ténèbres son ombre qui allait s'effaçant de plus en plus, en murmurant à voix basse :

— Pauvre jeune homme! quelle âme! quel cœur! Oh oui, je sauverai ces deux enfants. Dieu ne saurait condamner ces âmes chastes et innocentes à une éternelle douleur !

Il revint, à pas lents, reprendre le poste qu'il avait choisi près de la tente de doña Rosario et après avoir congédié le Pelon, il s'enveloppa dans son manteau, se coucha sur le sol et ferma les yeux.

Jusqu'à l'aube il demeura immobile sur la terre nue et trempée; dormit-il? lui seul aurait pu répondre.

IV

QUI ÉTAIT RÉELLEMENT BENITO RAMIREZ

Nous abandonnerons provisoirement le digne capitaine Kild, que nous ne tarderons pas à revoir, et nous retournerons au Voladero, où nous avons laissé plusieurs des personnages les plus importants et les plus sympathiques de cette histoire.

Après avoir exécuté leur expédition en faveur des émigrants, les chasseurs avaient jugé à propos de demeurer à couvert dans la grotte du Voladero ; non pas qu'ils redoutassent pour eux des représailles, de la part des Indiens Corbeaux ; il était évident que ceux-ci ne les avaient pas reconnus dans le premier moment de leur fuite précipitée, et qu'ils n'avaient pas cherché plus tard à les reconnaître ; la raison de cette séquestration temporaire, était beaucoup plus importante ; Valentin attendait, disait-il, des nouvelles, il ne voulait rien tenter avant de les avoir reçues.

Curumilla et Navaja avaient seuls été exceptés de

cette mesure; c'était à cette exception que Lingot devait la rude leçon qu'il avait reçue.

Curumilla et Navaja servaient d'éclaireurs à leurs compagnons; ils s'étaient partagé la zone environnant le Voladero; sans cesse ils y battaient les buissons.

La rencontre de Lingot, par Navaja, révéla aux chasseurs quels étaient les hommes que, dans leur amour de l'humanité, ils s'étaient laissés aller à défendre, et qu'ils avaient sauvés d'un désastre complet.

Nous rendrons cette justice à Valentin Guillois, de constater que, bien que les hommes qu'il avait défendus fussent des misérables, il ne regretta pas de l'avoir fait. Non pas qu'il s'intéressât le moins du monde à leur sort, mais à cause des femmes et des enfants qu'ils avaient avec eux; femmes et enfants que probablement ils avaient enlevés et dont ils voulaient trafiquer; malgré le secret dont s'entourait le capitaine Kild, la vérité commençait à se faire jour, et des soupçons graves s'élevaient sur l'étrange métier auquel il se livrait.

Tel était l'état des choses au moment où nous pénétrons dans la grotte de Voladero.

Quatre jours s'étaient écoulés depuis le combat livré aux Indiens Corbeaux; une trentaine de chasseurs blancs et bois-brûlés s'occupaient activement, sous la surveillance de Valentin Guillois, à nettoyer leurs armes et les mettre en bon état, à préparer des provisions de bouche pour plusieurs jours, à garnir et boucler leurs havre-sacs, et enfin se livraient à toutes les occupations qui précèdent ordinairement une expédition.

Il était environ midi, des reliefs de venaison et quelques morceaux de biscuit épars çà et là laissaient deviner que les chasseurs avaient depuis peu terminé leur repas.

— Y sommes-nous, compagnons? demanda Valentin Guillois qui, lui aussi, se livrait à la même occupation que les autres chasseurs.

— Oui, nous sommes prêts, répondit Belhumeur.

— Eh bien! alors, partons! Il faut que ce soir nous campions à six lieues d'ici.

— Ainsi, dit le Castor, vous êtes décidé?

— Tout ce qu'il y a de plus décidé, fit Valentin; du reste, nous saurons ce soir même à quoi nous en tenir.

— Mais Navaja et Curumilla nous ont quittés comme chaque jour au lever du soleil; où nous rejoindront-ils? demanda Belhumeur.

— Que cela ne vous inquiète pas, fit Valentin; je les ai expédiés en avant, non pas pour préparer nos logements, mais pour nous déblayer la route et choisir l'emplacement où nous camperons.

— Alors rien ne nous arrête plus? dit le Castor.

— Rien, répondit Valentin.

— Partons, partons! s'écrièrent tous les chasseurs d'une seule voix.

— En route, dit Valentin. Señor don Pablo, venez, je vous prie, près de moi, vous n'êtes pas, comme nous, habitué à la vie du désert; je désire veiller sur vous. Je tiens, ajouta-t-il en riant, à ce que doña Dolorès ne m'adresse pas de reproches quand je vous aurai réunis.

— Dieu veuille que ce soit bientôt ! dit le jeune homme en étouffant un soupir.

— Je l'espère ; répondit Valentin.

Toute la troupe quitta alors la grotte.

Nous ne la suivrons pas à travers les souterrains qu'elle était obligée de parcourir pour atteindre la forêt ; les lecteurs les connaissent déjà.

La journée était froide, mais belle ; le ciel était bleu, l'atmosphère pure ; le soleil avait presque entièrement fondu la neige, et, ainsi que le disait en plaisantant Belhumeur, il faisait un véritable temps de petite maîtresse.

Les chasseurs se mirent en file indienne ; sous la direction de Valentin Guillois, ils prirent le pas cadencé et gymnastique, particulier aux Indiens et aux coureurs des bois et s'éloignèrent rapidement du Voladero.

Sur l'ordre de Valentin, trois peones indiens, sur la fidélité desquels on pouvait compter, étaient demeurés à la garde des chevaux, inutiles dans une expédition comme celle qu'on entreprenait, et qu'on avait décidé de ne pas emmener.

La direction que suivaient les chasseurs les fit passer assez près des Bois-Brûlés, et Valentin remarqua avec une certaine surprise que ceux-ci, qui, pendant si longtemps, étaient restés immobiles dans leurs retranchements, faisaient des préparatifs comme s'ils pensaient à s'éloigner. Cette observation donna fort à réfléchir au Chercheur-de-Pistes ; et, pour tout dire, l'inquiéta sérieusement. Cependant, il n'en laissa rien paraître et continua, tout en songeant profondément, à s'avancer dans la direction qu'il s'était marquée à l'avance.

Mais Valentin Guillois n'était pas homme à négliger une précaution, si minime qu'elle fût.

Tout en marchant, il faisait sauter dans sa main quelques pierres, qu'il avait ramassées machinalement en apparence.

Arrivé à un endroit où la sente faisait un coude, le chasseur s'arrêta sans rien dire, laissa passer ses compagnons devant lui; lorsque ceux-ci eurent disparu complétement; qu'il se fut assuré qu'il se trouvait bien seul, et que personne ne pouvait le voir, il avisa trois arbres, dont la disposition avait cela de singulier qu'ils formaient un triangle régulier.

Le chasseur monta tour à tour sur chacun des trois arbres, s'arrêta à la maîtresse branche et gratta la mousse sur un espace de quelques pouces, de manière à ce que l'on pût supposer que cela avait été fait, non par un homme, mais par le bec d'un oiseau quelconque.

Au-dessus de l'endroit où il avait ôté cette mousse, qu'il se garda bien de perdre, le chasseur posa une des pierres qu'il avait ramassées et l'enfonça dans les lianes de façon à ce qu'elle fût solidement maintenue, et que, sans être trop apparente, un œil exercé, et la soupçonnant là, pût facilement l'apercevoir.

Après avoir, ainsi que nous l'avons dit, répété cette opération sur chacun des trois arbres, Valentin réunit en un seul monceau la mousse qu'il avait récoltée et la déposa au pied même de l'arbre qui, par sa position, figurait le sommet du triangle ; et, sur ce tas de mousse mêlée de feuilles, il éparpilla quelques petits cailloux dans un désordre apparent, mais qui pour lui avait évidemment une signification ; car, à deux et même à trois reprises différentes, il modifia ces singuliers hiéroglyphes. Cela fait, le chasseur fouilla les environs du regard et, certain de n'avoir été espionné par aucun curieux, il jeta nonchalamment son fusil sous son bras, se remit en marche et rejoignit, en sifflotant, ses compagnons qui avaient continué leur route.

Ainsi que nous l'avons dit, Curumilla et Navaja étaient partis au lever du soleil en batteurs d'estrade. Valentin avait donné à son ami des instructions particulières, et peut-être pensait-il à lui en accomplissant l'œuvre énigmatique à laquelle nous l'avons vu se livrer et qui était évidemment un signal.

D'ailleurs le Chercheur-de-Pistes était un esprit beaucoup trop sérieux, et surtout beaucoup trop délié, pour perdre son temps en futilités.

Lorsqu'il rejoignit la petite troupe, il ne dit rien à ses compagnons, et ceux-ci ne songèrent pas à l'interroger.

La marche continua ainsi pendant tout le jour, sans aucun incident digne de remarque ; nous noterons seulement que deux élans furent tués ; mais il le furent non pas à coups de fusil, mais à coups de flèches.

Vers cinq heures du soir, un peu après le coucher du soleil, les chasseurs atteignirent l'endroit où Valentin Guillois avait résolu de camper pour la nuit.

Cet endroit, comme presque toujours, était une clairière assez vaste.

Navaja, accroupi près d'un feu qu'il venait d'allumer, fumait nonchalamment, tout en attendant l'arrivée de ses compagnons.

Quant à Curumilla, il était absent.

Valentin Guillois ne fit aucune observation à son sujet et ne sembla point s'étonner de ne pas le voir.

Un campement de coureurs des bois n'est pas long à établir.

Deux ou trois feux sont allumés et entretenus pendant toute la nuit. Puis, après avoir expédié le repas du soir, chacun s'enveloppe tant bien que mal dans ses fourrures et s'endort les pieds au feu, laissant au plus prudent le soin de veiller à la sûreté générale. Les coureurs des bois sont trop habitués à jouer avec le danger pour prendre des précautions qui leur paraissent superflues.

Don Pablo Hidalgo, étant le plus jeune de la troupe, avait été chargé par Valentin de la première veille.

Vers onze heures du soir, le Chercheur-de-Pistes se leva doucement et s'approcha si légèrement de la sentinelle, que celle-ci, quand même elle eût été éveillée, n'aurait pu l'entendre venir.

Don Pablo, peu accoutumé à la vie du désert et de plus rendu de fatigue à cause de la longue marche qu'il avait faite dans la journée, s'était, malgré lui, laissé aller au sommeil, et dormait de tout son cœur.

— Nous sommes bien gardés! murmura le chasseur en souriant, après avoir approché son visage, presque à le toucher, de celui du singulier factionnaire qu'il se garda bien d'éveiller.

Le chasseur demeura une minute ou deux plongé en apparence dans de sérieuses réflexions, puis il se glissa dans les broussailles et disparut presque instantanément.

Dès qu'il fut hors de la clairière, après avoir jeté un regard vers le ciel comme pour bien s'assurer de la direction qu'il devait prendre, il s'éloigna à grands pas, en homme qui ne craint pas de se tromper et sait parfaitement où il va.

Sa course ne fut pas longue.

Au bout d'une demi-heure, il s'arrêta auprès d'un rocher qui s'élevait au bord d'un torrent, au-dessus duquel il s'avançait en affectant la forme presque ogivale qui lui donnait l'apparence d'un cintre brisé par la moitié ; puis, après s'être assuré que son fusil était en bon état, le chasseur se plaça dans la bouche l'index de chaque main et imita à deux reprises le cri doux et mélancolique de la hulotte bleue, le seul oiseau de ces parages qui se fasse entendre pendant la nuit.

Presque au même instant, un cri pareil se fit entendre à une courte distance, l'ombre d'un homme émergea du couvert, à une vingtaine de pas de l'endroit où se tenait Valentin.

L'homme s'avança résolument vers lui, en conservant, preuve de confiance extraordinaire dans un pareil lieu et dans de telles circonstances, en conservant son fusil en bandoulière et continuant de fumer une cigarette.

— On ne m'avait pas trompé, dit Valentin dont les traits se détendirent et qui sourit de ce rire silencieux dont il avait contracté l'habitude au désert.

Il ne fallut que trois ou quatre minutes à l'inconnu pour franchir la distance qui le séparait de Valentin.

Les deux hommes s'abordèrent en se tendant la main comme s'ils eussent été de vieilles connaissances, bien qu'il fût évident, à la façon dont chacun examinait l'autre à la dérobée, que cette fois était la première qu'ils se rencontraient face à face.

— Eh bien? demanda Valentin.

— Une heure après votre passage j'ai rencontré le chef; il était en train de déchiffrer une énigme que vous avez laissée sur votre route à son adresse; c'est lui qui m'a dit que je vous rencontrerais ici, et à quelle heure je devais m'y trouver.

— Pourquoi ne vous a-t-il pas accompagné, señor?

— Je l'ignore, señor Chercheur-de-Pistes, reprit l'autre en souriant; j'ajouterai, si vous me le permettez, que selon toutes probabilités vous le savez mieux que moi; le chef m'a dit seulement que vous l'aviez chargé d'une mission qui l'obligeait à retourner sur ses pas.

— C'est cela même, je craignais qu'il n'eût pas bien compris mes recommandations; dit Valentin.

— Oh! quant à cela vous ne devez conserver aucun doute! le chef a déchiffré votre signal, à ce qu'il m'a paru, aussi facilement que s'il lisait dans un livre;

5.

maintenant me voici, señor, et tout à vos ordres.

— Parlez, señor, je vous écoute, répondit le chasseur d'un air affable.

Le jeune homme sembla réfléchir pendant quelques secondes, puis il reprit d'une voix que l'émotion rendait légèrement tremblante :

— Si je me trouvais en présence de tout autre homme que le célèbre Chercheur-de-Pistes, si je pouvais supposer que dans le cœur de cet homme, il pût y avoir place pour tout autres sentiments que pour ceux qui en ont fait le Roi du désert, et la personnalité devant laquelle, tous, blancs et rouges s'inclinent avec respect ; je lui dirais : señor, je suis huit ou dix fois millionnaire ; grâce aux mines que je possède dans les États de Sonora et de Chihuahua, je pourrais si je le voulais être encore plus riche que je ne le suis ; rendez-moi le service que j'attends de vous, service si important pour moi que pour vous rencontrer et vous adresser moi-même ma requête, je n'ai pas hésité à franchir plus de trois cents lieues de désert, où la mort me guettait à chaque pas ; et cette fortune immense, nous la diviserons en deux parts, dont la plus grosse, si vous le désirez, vous appartiendra.

Le jeune homme se tut et fixa un regard anxieux sur le chasseur.

— Bien, répondit celui-ci avec un fin sourire, mais à moi, que me direz-vous ?

— A vous, señor Valentin, reprit l'étranger en même temps que ses yeux se remplissaient de larmes, je ne dirai que deux mots : Je souffre, j'ai le cœur brisé par le désespoir ; rendez-moi le bonheur qui m'a été ravi, et si quelque jour vous avez besoin d'une vie pour sauver la vôtre, je vous donnerai la mienne avec joie, comme déjà je vous ai prouvé ma foi entière en vous, en bravant sans hésiter les dangers les plus terribles, pour vous adresser ma prière ; car il y a cela d'étrange en vous, señor Valentin ; que chacun au désert s'incline devant votre volonté quelle qu'elle soit ; et que votre incontestable supériorité est reconnue sans discussion même par vos ennemis.

— Allons, répondit le chasseur, je crois que nous nous entendrons, señor ; mais il est encore une formalité que vous avez oublié de remplir, il me semble ?

— Laquelle, señor ?

— En vous quittant, mon ami Benito Ramirez ne vous a-t-il rien remis pour moi ?

— Si, en effet, je l'avais oublié ; excusez-moi, señor, je vous avoue que malgré toutes mes résolutions, j'ai été pris si à l'improviste par votre rencontre, que cette partie des instructions de don Benito Ramirez était complétement sortie de ma pensée.

Il retira alors de sa ceinture un long poignard et le présentant à Valentin :

— Voici mon signe de reconnaissance, dit-il, est-ce bien cela ? maintenant avez-vous confiance en moi ?

— Cette confiance, je l'avais déjà, señor ; si j'ai insisté, c'est parce que dans des circonstances aussi graves que celles dans lesquelles nous nous trouvons, aucune précaution n'est de trop ; veuillez me suivre ; nous avons à causer longuement ; le lieu où nous sommes est peu convenable pour un entretien tel que doit être le nôtre.

L'inconnu s'inclina et suivit Valentin sans prononcer un mot.

Le chasseur fit le tour du rocher, gravit quelques gradins qui semblaient creusés par le temps dans la pierre dure, se glissa par une ouverture étroite qui donnait sur le torrent, et, après avoir fait quelques pas, les deux hommes se trouvèrent dans une grotte assez profonde et que, du dehors, il était impossible d'apercevoir.

— Vous êtes dans une de mes retraites favorites ; dit Valentin, tout en allumant une torche et prenant plusieurs brassées de bois sec placé en tas auprès de la muraille. Je suis venu ici bien souvent, ajouta-t-il avec un sourire mélancolique. Cette grotte a été le théâtre d'événements bien tristes ; mais, il y a près de dix ans de cela, tout le monde les a oubliés, excepté moi ; cette caverne n'est connue que de deux personnes : Curumilla et moi ; vous êtes le seul étranger qui y ayez pénétré depuis les événements auxquels je fais allusion. Nous y sommes parfaitement en sûreté ; nous pouvons causer sans craindre des oreilles indiscrètes ou des regards curieux ; les morts seuls nous écoutent, ajouta-t-il en frappant le sol à un endroit où le terrain formait, en effet, une légère éminence ; les morts gardent fidèlement les secrets qu'on leur confie ; le feu est allumé, asseyez-vous et causons ; surtout soyez franc, allez droit au but ; il est important que je connaisse votre histoire jusque dans ses plus intimes détails, afin de vous pouvoir prêter un concours efficace.

— Je n'ai rien à cacher, señor. Grâce à Dieu, ma vie a toujours été pure; ma conscience ne s'est jamais éveillée en moi que pour blâmer quelques folies de jeunesse.

— Je vous écoute; mais, pour abréger cet entretien qui pourrait se prolonger peut-être trop longtemps, et vous savez que nos instants sont précieux, je dois vous avertir que don Benito Ramirez, en vous recommandant à moi, a pris soin de me renseigner de la façon la plus précise sur tout ce qui se rapporte à la partie de votre histoire qui précède l'événement qui nous met aujourd'hui en présence ; je connais donc votre nom, votre famille, votre position dans le monde et la bonne réputation dont vous jouissez. Du reste, vous devez comprendre que Ramirez, mon ami, ne vous aurait pas recommandé aussi chaleureusement à moi, qu'il l'a fait, si quelques doutes s'étaient élevés dans son esprit au sujet de votre honneur. Venez donc tout droit à l'affaire principale, je n'ai que deux heures à vous donner.

— Moi-même, répondit-il, je dois être, au lever du soleil, au camp du capitaine Kild. Je serai bref :

J'étais passager à bord du navire sur lequel don Miguel Tadeo de Castel-Leon s'était embarqué à Bahia, pour se rendre à la Nouvelle-Orléans, avec les deux enfants que vous savez. Je m'étais trouvé compromis dans un *pronunciamiento*, et, pour échapper à ceux dans les mains de qui se trouvait le pouvoir, j'avais quitté le Mexique, pour me réfugier au Brésil. Vous savez comment se passent les choses dans notre malheureux pays. Au bout de quelques mois, mes amis politiques chassèrent ceux qui m'avaient obligé à m'exiler. Dès que la nouvelle me parvint, je me hâtai de quitter le Brésil. Le seul navire en partance faisait voile pour la Nouvelle-Orléans. De cette ville à la frontière mexicaine il n'y a pas loin. L'argent ne me manquait pas, je m'embarquai. La prudence est surtout une vertu mexicaine. Ignorant si un troisième *pronunciamiento* ne viendrait point, pendant le voyage, renverser mes amis et refaire de moi un proscrit, je jugeai convenable de conserver le plus strict incognito. Je parle l'anglais presque aussi couramment que ma langue maternelle; je me fis passer pour un riche planteur du Texas établi à Galvestown, et que ses affaires commerciales avaient conduit au Brésil. Les Américains du Nord pratiquent l'égoïsme le plus absolu, vous ne l'ignorez pas, señor : chacun chez eux vit pour soi et sans s'occuper de ce que fait son voisin, tant que, bien entendu, ce voisin ne s'avise pas de se mêler imprudemment à des affaires qui ne le regardent pas. Personne n'essaya donc de percer le mystère de mon incognito, qui fut parfaitement respecté. Don Miguel Tadeo de Castel-Leon, après avoir pris auprès du capitaine certains renseignements sur moi, essaya d'entamer des relations dont je ne compris pas bien le but d'abord. J'éprouvais pour cet homme une répulsion instinctive ; les politesses dont il m'accablait me causaient un malaise inexplicable ; pourtant, comme je n'avais aucun motif plausible pour repousser complétement ses avances, tout en demeurant avec lui dans une certaine réserve, je ne jugeai pas prudent de m'en faire un ennemi. Résolution dont plus tard je me félicitai ; lorsque nos relations devinrent plus intimes, je réussis à apprendre des malheureux enfants l'histoire terrible que vous savez. Ce ne fut qu'en tremblant, et en me recommandant avec des larmes de leur garder le secret, que Luis et sa sœur, doña Rosario, m'apprirent la mort fatale de leur père et de leur mère et les horribles persécutions auxquelles ils se trouvaient en butte de la part de leur indigne parent. Je compris alors pour quel motif don Miguel Tadeo avait si opiniâtrement cherché à lier avec moi des relations ; vers quel but tendaient les questions qu'il m'adressait continuellement sur l'esclavage dans les contrées méridionales des États-Unis, et de quelle façon il était pratiqué. Je serai franc avec vous, señor, comme je vous l'ai promis ; si je vous disais que, révolté par l'horrible conduite de don Miguel, la pitié bien naturelle que m'inspiraient ces malheureuses victimes m'avait seule poussé à les défendre, je mentirais. Je plaignais les pauvres enfants de toute mon âme ; j'aurais au besoin tenté de les défendre contre certaines brutalités, dont la barbarie aurait justifié mon intervention, mais jamais je n'aurais été au delà. D'abord, parce que cette affaire ne me regardait nullement, de plus, parce que la position de don Miguel Tadeo paraissait claire, bien assise, que rien en apparence ne le distinguait des autres passagers ; non, ce qui m'engagea à me dévouer corps et âme au salut de ces infortunés enfants, ce fut une raison toute personnelle. Doña Rosario avait alors près de quinze ans, elle était grande, bien faite, ce qui la faisait paraître un peu plus âgée ; je ne vous dirai rien de sa beauté, señor, vous la connaissez sans doute ?

— Non, fit Valentin en secouant la tête avec mélancolie ; mais j'ai beaucoup connu sa mère, dont, m'a-t-on dit, elle est tout le portrait.

— Je ne pus voir doña Rosario sans l'aimer, ou plutôt sans en devenir éperdûment amoureux ; jusqu'alors, je n'avais jamais aimé. J'ignorais la puissance fatale de cette passion ; je faisais plus, avec ce dédain de convention que tous les jeunes gens de mon âge se piquent d'avoir, j'allais presque jusqu'à nier que l'amour existât. En débarquant à la Nouvelle-Orléans, je fus forcément séparé de don Miguel et des deux enfants ; mais j'eus le temps de dire à doña Rosario de prendre courage quoi qu'il arrivât, que toujours je veillerais sur elle. La pauvre et chère enfant me dit adieu les yeux pleins de larmes et s'éloigna en compagnie de son parent ou plutôt de son bourreau. Mais je tins strictement le serment que je m'étais fait à moi-même. Tout en demeurant invisible, je ne perdis pas de vue la jeune fille ; après le départ de don Miguel pour le Brésil, je réussis à voir doña Rosario, pendant les courtes promenades qu'elle faisait les jours de congé avec ses compagnes de pension. La situation dans laquelle se trouvaient doña Rosario et son frère, me semblait jusqu'à un certain point autoriser les moyens même les plus violents pour leur venir en aide, et les arracher aux mains de leur implacable ennemi, dont l'absence cachait sans doute un piége. Après m'être assuré du consentement de don Luis et de celui de sa sœur, je fis venir ma mère à la Nouvelle-Orléans ; ma mère devait prendre les deux enfants sous sa protection, remplacer auprès d'eux la famille qu'ils avaient perdue et servir de chaperon à doña Rosario jusqu'à ce que je fusse revenu du Chili où je voulais me rendre dès que j'aurais délivré les enfants. Je voulus de plus avertir le consul du Chili de de la trahison infâme dont doña Rosario et son frère étaient victimes, et réclamer pour eux sa protection.

— Tout cela était parfaitement combiné, señor ; vous agissiez réellement en homme de cœur et d'intelligence.

— Je me mis immédiatement en mesure d'exécuter les projets que j'avais formés. Malheureusement, des raisons indépendantes de sa volonté retardèrent l'arrivée de ma mère à la Nouvelle-Orléans ; le jour même où je voulais agir, j'appris que don Miguel était revenu à la Louisiane ; et que depuis huit jours environ les deux jeunes gens avaient disparu, sans qu'il fût possible de découvrir ce qu'ils étaient devenus. Cette affreuse nouvelle me réduisit au désespoir ; le coup que je reçus fut terrible ; pendant quelque temps on craignit pour ma vie. J'étais en proie à une fièvre cérébrale horrible. Pendant près de deux mois, je demeurai littéralement entre la vie et la mort. Mais enfin, la jeunesse fut plus forte que le mal, et je revins à la vie pour souffrir. Grâce à la présence de ma mère à la Nouvelle-Orléans, où elle se trouve encore, les deux longs mois pendant lesquels je demeurai étendu sur un lit de douleur, n'avaient pas été entièrement perdus. Certains individus adroits, lancés sur la piste des deux malheureuses créatures, avaient réussi à découvrir leurs traces.

Dès que je me sentis assez fort pour recommencer la lutte que j'avais entreprise, je me remis à l'œuvre. Ce fut alors que, par un hasard providentiel, je fis la connaissance de don Benito Ramirez, et que, grâce à un léger service que j'eus le bonheur de lui rendre, je parvins à gagner son amitié et à l'intéresser à l'affaire qui m'occupait. Don Benito Ramirez me parla de vous, señor, comme du seul homme qui pouvait, s'il le voulait, sauver celle que j'aime, et il m'autorisa à prendre son nom.

Je ne vous dirai rien qui vous paraisse extraordinaire, señor, en vous apprenant que je connaissais déjà votre nom et votre réputation ; tant vous les avez faits grands, vous simple chasseur. Mais don Benito Ramirez jugea indispensable de me soumettre à un apprentissage de trois mois avant que de me donner carte blanche et de me laisser agir à ma guise.

Né en Sonora, habitué à la vie au **grand** air que mènent tous les habitants du pays, je connaissais déjà le désert ; mais l'expérience me manquait un peu. J'étais fort adroit aux exercices du corps, je montais bien à cheval, je possédais une certaine habileté dans le maniement des armes. J'avais, en un mot, tous les éléments nécessaires pour devenir, avec le temps, un excellent coureur de bois. L'apprentissage fut rude. Mon maître prenait à tâche de me placer à l'improviste dans les positions les plus terribles, en me laissant le soin de m'en tirer comme je le pourrais, tout en veillant de loin sur moi, ainsi qu'il me le dit plus tard; l'ardeur dont j'étais animé était si grande que ces trois mois d'apprentissage me valurent des années. Aujourd'hui, je suis rompu à toutes les fatigues de la vie des savanes; mon adresse est remarquable : ma balle ne manque jamais le but; le froid, le chaud, les privations, si grandes qu'elles soient: je subis tout avec une égale indifférence.

Un jour, don Benito Ramirez me dit enfin : maintenant, ami, vous êtes tel que je voulais vous voir; allez trouver Valentin Guillois, vous le rencontrerez aux environs du Voladero de l'Ours gris, dans les montagnes Rocheuses; présentez-lui ce couteau et dites-lui que c'est moi qui vous envoie vers lui.

Je lui obéis, señor, et me voici.

— Vous avez oublié quelque chose dans votre récit, señor don Octavio.

— Je sais ce que vous voulez dire, señor, vous voulez parler de mon engagement avec le capitaine Kild?

— Oui; du reste, je vous félicite d'avoir si bien réussi à le tromper; mais prenez garde, le drôle est bien fin : au moindre soupçon, vous seriez perdu.

— J'aurai soin de ne pas éveiller sa méfiance, répondit en souriant le jeune homme.

— Dieu le veuille ! Quoi qu'il arrive, comptez sur moi. Avant de vous connaître, avant de soupçonner même votre existence, j'avais résolu déjà de me dévouer corps et âme au salut de ces deux enfants. Le père de don Luis et de doña Rosario a été mon ami le plus cher. J'ai fait le serment de sauver ses enfants ; jusqu'à ce jour, je n'ai jamais failli à aucune de mes promesses. Sachez, don Octavio, que vous aurez autour de vous plus d'amis et d'alliés que vous ne pourriez le supposer. Un ami intime de la famille de don Luis doit, en outre, bientôt nous rejoindre. Cet ami se nomme don Gregorio Peralta ; c'est lui qui m'a donné tous les détails de cette horrible histoire ; voilà plusieurs mois que nous nous sommes attachés aux pas de l'homme que vous voulez abattre. Bien que, jusqu'à présent, il ait déjoué toutes nos combinaisons, nous en aurons bientôt raison, soyez-en convaincu. Dans son camp même, un de nos amis a réussi à se glisser avant nous ; il a reçu mes instructions. Vous avez dû le reconnaître au premier mot.

— Vous parlez de Blue-Dewil, n'est-ce pas ?

— Oui ; ayez toute confiance en lui ; cela est d'autant plus important, que, sans le vouloir, il pourrait contrecarrer vos projets, et faire ainsi avorter les nôtres.

— N'ayez aucune crainte à cet égard, señor ; Blue-Dewil et moi, nous n'avons pas de secrets l'un pour l'autre ; vous en aurez bientôt la preuve.

— Tant mieux. Maintenant, sachez qu'il y a en ce moment plus de trente chasseurs qui, sous mes ordres, se sont voués à la délivrance de doña Rosario. Avant un mois, nous serons soixante ; nos alliés sont en route ; mais les distances sont longues au désert, et dans quelques jours seulement ils nous rejoindront.

— S'il en est ainsi, nous sommes certains de réussir! s'écria don Octavio avec joie.

— J'espère que nous réussirons, car notre cause est juste ; mais nous avons bien des obstacles à vaincre, bien des ennemis à combattre, avant d'atteindre le but vers lequel nous tendons. Ces ennemis sont d'autant plus redoutables, qu'ils ne reculent devant rien. Ce n'est que depuis deux jours que je sais qu'un homme dont j'ai sauvé le campement est un bandit de la pire espèce, un certain capitaine Kild, le complice et le bras droit de don Miguel Tadeo, qui, lui, est parvenu, on ne sait comment, à dissimuler si bien ses traces, que nul ne sait où il se trouve. Ces renseignements m'ont été fournis, par miracle, par un de mes agents les plus dévoués et les plus fins, qui lui sert de lieutenant, et que je croyais en Sonora. C'est Blue-Dewil auquel, je vous l'ai dit, vous pouvez avoir toute confiance. Mais c'est don Miguel que je redoute le plus. Cet homme possède un génie infernal pour le mal ; il doit rôder autour de nous ; mais où est-il? voilà ce qu'il me faut absolument découvrir, et j'y parviendrai. Soyez prudent, don Octavio ; vous vous êtes mis dans un guêpier. Ce Kild est un misérable qui n'hésiterait pas à vous poignarder sur l'ombre seule d'un soupçon. Nous avons d'autres ennemis encore, les Indiens d'abord, puis ce fameux chef des

Bois-Brûlés, Olivier ou John Griffiths, cet étrange composé de bien et de mal, et dans l'esprit duquel un crime ne pèse pas plus qu'une bonne action ; et enfin tous les bandits et les pirates de la savane. Vous voyez que nous avons affaire à forte partie. Je soupçonne même qu'une entente secrète existe entre Kild et, par conséquent, don Miguel et Griffiths. J'ai plusieurs fois rencontré, sur la frontière, un mauvais drôle qui lui sert de lieutenant, un certain Margottet. Ce jeune coquin ne m'inspire qu'une confiance très-médiocre ; je crois même qu'au besoin il ne reculerait pas devant un crime. Enfin, vous voici averti, mon jeune maître ; agissez en conséquence. Malgré tous mes efforts, je n'ai pu encore lire dans le jeu de Kild ; il y a en lui quelque chose qui me déroute. S'il n'était pas, et depuis si longtemps, connu dans la prairie, je croirais presque... mais non, c'est impossible ; je me trompe !... Dans tous les cas, prenez garde, señor : un oubli, une imprudence, une maladresse, je ne dis pas nous perdrait ; il y a longtemps que nous avons fait le sacrifice de notre vie ; mais, ce qui est beaucoup plus grave, perdrait ceux que nous avons juré de sauver ! Allez, don Octavio, je suis heureux de vous connaître ; vous êtes une belle et loyale nature ; je ferai pour vous ce que je ferais pour un frère. Surtout, entendez-vous avec Blue-Dewil ; c'est un vieux routier ; il sent les coquins comme un bon chien sent le gibier.

— Un mot à ce sujet, s'il vous plaît, señor ; ce que vous m'avez dit, il n'y a qu'un instant, à propos de ce misérable Kild, me rappelle que Blue-Dewil assure avoir enfin soulevé le masque derrière lequel se cache ce drôle.

— Il serait possible? s'écria Valentin

— Il m'a affirmé l'avoir reconnu la nuit dernière, lorsque, retiré dans sa tente, le capitaine, qui ne se croyait pas espionné, avait jeté bas son déguisement.

— Ah! ah! voici un renseignement précieux.

— Vous en jugerez! Il affirme que cet homme n'est autre qu'un bandit nommé Harry Brown, qui cacherait lui-même une personnalité plus redoutable encore, celle d'un certain don Cornelio Bustamente!

— Bustamente! s'écria Valentin avec agitation. Oh! je connais ce nom! Mon Dieu! pourquoi don Gregorio n'est-il pas ici? Enfin, patience!... Mais adieu; voici l'heure où nous devons nous séparer. Don Cornelio Bustamente! je n'oublierai pas ce nom; dans deux jours, nous nous reverrons.

— A quel endroit? Il est important que je sache le lieu exact.

— Nous nous rencontrerons, cher señor, près du morne nommé le Brûlis-d'Hiver; retenez bien ce nom.

— Soyez tranquille, j'aurai bonne mémoire.

— Et maintenant, bonne chance! merci encore pour le précieux renseignement que vous m'avez donné. Retournez au plus vite dans votre camp, dont vous êtes loin encore; moi, je n'ai que quelques pas à faire. Dans deux jours, à la même heure. Adieu.

Les deux hommes se serrèrent affectueusement la main et quittèrent la caverne, en prenant chacun une direction différente.

Quand Valentin arriva à son campement, don Pablo dormait encore, et, naturellement, personne n'avait songé à le relever ; donc, sa faction continuait.

Valentin lui frappa doucement sur l'épaule.

Le jeune homme tressaillit, se redressa, et, se frottant les yeux, il s'écria :

— Hein ? quoi ? qu'y a-t-il ?

— Rien, lui dit Valentin. Seulement vous êtes très-mal comme cela pour dormir ; vous êtes gelé. Allez vous étendre près du feu.

— Je crois, en effet, que je m'étais endormi, dit le jeune homme ; j'étais tellement fatigué, que je n'ai pu résister au sommeil. Pardon, mon cher maître.

— Oui, vous faites un apprentissage très-rude. Allez vous reposer, don Pablo, et laissez-moi le soin de continuer votre faction.

— Oh ! maintenant, je suis éveillé ; je ne me rendormirai plus.

— C'est possible ; mais, demain, si vous ne prenez pas cette nuit quelques heures de repos, vous serez incapable de nous suivre ; et je vous avertis que la journée sera longue.

Le jeune homme ne demandait pas mieux que de suivre le conseil du chasseur ; il n'avait insisté que parce qu'il se sentait un peu humilié d'avoir été surpris endormi. Aussi ne fit-il pas de plus longues difficultés pour se laisser convaincre, et cinq minutes plus tard il dormait à poings fermés.

Le reste de la nuit se passa tranquillement.

Une heure avant le lever du soleil, le cri du hibou se fit entendre à trois reprises.

Valentin répondit par un cri semblable.

Si quelqu'un des chasseurs avait été éveillé en ce moment, il aurait été étonné, non sans raison, de la singulière conversation qui s'engagea alors entre Valentin et son invisible interlocuteur.

Les cris d'oiseaux les plus différents se répondaient sans interruption, mêlés aux abois du chien des prairies, aux glapissements du loup rouge, aux miaulements du jaguar ou aux grognements de l'ours gris.

On aurait cru que tous les fauves et tous les oiseaux de la forêt tenaient un sanhédrin diabolique.

Mais, quel que fût le sens réel de cette conversation à laquelle Valentin prenait une part si active, elle parut le satisfaire ; car, lorsqu'elle fut terminée, il dit, en allant éveiller Belhumeur pour qu'il prît la faction à son tour :

— Il a réussi ! tout va bien !

Au lever du soleil, les chasseurs se remirent en marche.

Curumilla n'avait pas encore reparu ; mais Valentin ne sembla pas, plus que la veille, s'inquiéter de cette absence.

V

OU CURUMILLA DONNE DE SES NOUVELLES.

C'est ordinairement au mois de septembre que s'ouvre pour les Indiens l'époque des grandes chasses d'hiver, dans les régions où se passe notre histoire.

Ces chasses sont surtout importantes, parce que, à cette saison de l'année, les fourrures des animaux étant plus belles, les Indiens peuvent s'en défaire plus avantageusement dans les comptoirs américains et anglais. Elles réunissent dans les déserts du *Grand-Nord*, ainsi que l'on nomme ces contrées désolées, des détachements d'élite de toutes les nations indiennes qui vivent dans un rayon de plus de trois cents lieues autour de ce territoire.

Les nations les plus célèbres qui se donnent rendez-vous sur ces lieux de chasse, sont en général celles des *Sioux*, des *Piekanns*, ou Indiens du sang, des *Corbeaux*, des *Picaneaux* et d'autres moins considérables, et qu'il est inutile de nommer ici.

Ces Indiens, pour la plupart ennemis les uns des

autres, semblent conclure une trêve tacite entre eux, lorsque arrive la saison des grandes chasses d'hiver.

Ils désarment d'un commun accord à cette époque, et à moins de circonstances exceptionnelles, ils ne s'attaquent jamais ; l'intérêt personnel, seul lien qui puisse les retenir, les oblige à cette modération en dehors de leurs habitudes.

En effet, outre les fourrures qu'ils vendent, les Indiens en conservent d'autres pour leurs vêtements ; de plus la chair des animaux qu'ils ont tués, salée ou boucanée, les aide à passer sans trop de souffrances cette rude saison d'hiver dont les rigueurs sont ordinairement si terribles pour ces nations imprévoyantes.

Dans le Grand-Nord le gibier foisonne ; on y rencontre en quantités innombrables les bisons, les élans, les castors, les loutres, les daims, les ours gris, les bœufs musqués, le loup rouge, le renard commun et le renard bleu, le *musquash*, qui est une espèce de martre, le raton, l'hermine et quelques opossums ; comme gibier à plumes, les perdrix grises et blanches, l'outarde, l'aigle gris à tête noire, abondent ; enfin les lacs et les rivières dont le lit est en général très-profond, fourmillent de poissons, tels que saumons, carpes, esturgeons, etc., sans compter le *Ticer mangue*, ou poisson blanc, dont certains pèsent souvent jusqu'à seize livres.

Le lecteur comprendra de quel intérêt il est pour ces misérables nomades, de veiller sur leurs territoires de chasse ; les Peaux-Rouges ne cultivent pas la terre, quelques tribus seulement, sèment un peu de maïs, ou blé indien ; les autres croiraient se déshonorer en touchant une houe ; aussi lorsque le gibier manque, la misère est-elle grande dans les tribus, la famine ne tarde pas à paraître et les décime.

La haine que les Indiens professent pour les blancs, haine implacable, et que rien ne pourra jamais éteindre, provient en grande partie de l'envahissement par ceux-ci, de leurs territoires de chasse.

Les coureurs des bois, sang-mêlés, métis, bois-brûlés ou blancs, sont en général munis d'armes excellentes, et de plus sont tous d'une adresse remarquable.

Les Indiens consentiraient cependant à la rigueur à partager avec eux leurs territoires ; souvent même ils s'associent avec ces déclassés de la civilisation, dont les idées, sur beaucoup de points, sont les leurs ; mais ils détestent mortellement les pionniers et les *squatters* qui apparaissent par troupes nombreuses au désert, s'établissent sur les points les plus avantageux ; abattent les bois, défrichent les plaines, et forment des établissements qui éloignent à jamais le gibier.

Les Indiens ne veulent pas admettre que les blancs aient le droit de s'établir sur les terres inhabitées, et qui en réalité ne sont à personne.

Mais une discussion sur ce point important ne serait pas à sa place ici ; elle nous entraînerait beaucoup trop loin ; nous préférons la clore brusquement et reprendre notre récit.

Les diverses tribus rassemblée pour les chasses d'hiver, dans le Grand-Nord, avaient vu avec une colère secrète l'arrivée du capitaine Griffiths et son campement sur leur territoire ; cette colère avait encore été augmentée par l'arrivée imprévue du capitaine Kild et de sa troupe.

La surprise tentée contre les émigrants n'avait été que la conséquence de cette colère.

Quelques jours après cette attaque, un camp Indien était établi sur les bords d'une petite rivière, affluent perdu de la rivière Rouge, et à laquelle dans la langue du pays, on donne le nom de rivière de *l'Ours*; *Bear-River*, à cause sans doute des nombreux ours gris qui, à une époque assez reculée déjà, peuplaient ses rives.

Le camp, composé d'une trentaine de huttes en peau de bison, soigneusement gazonnées aux pieds afin de ne pas laisser pénétrer le froid, était occupé par une fraction assez importante de la principale tribu des *Piékanns* ou Indiens du sang.

Ces Indiens appartiennent à la grande nation des *Pieds-Noirs* et forment, encore aujourd'hui, une des peuplades les plus redoutables et les plus belliqueuses du Nord-Amérique.

Les Pieds-Noirs chassent sur une étendue de pays immense ; ils vont voler des chevaux jusque sur la frontière mexicaine.

Ceux dont nous nous occupons en ce moment composaient une troupe d'environ deux cents hommes ; tous guerriers d'élite et *Grands braves* de la nation, réunis sous le commandement de plusieurs chefs, mais tous soumis au principal *sachem* de la nation, nommé *le*

Couteau-Rouge; ce nom qu'il avait vaillamment gagné par de nombreux exploits, et que les guerriers lui avaient décerné avec enthousiasme, témoignait de la valeur féroce de ce chef, et de la grande réputation dont il jouissait.

Le Couteau-Rouge était un homme de trente ans à peine, haut de plus de six pieds anglais, c'est-à-dire environ cinq pieds huit pouces et demi français ; sa taille était élégante, sa vigueur extraordinaire, son adresse à tous les exercices et à toutes les armes remarquable ; ses traits avaient une expression hautaine, remplie de majesté ; ses yeux un peu petits, un peu enfoncés sous l'orbite, petillaient d'astuce, de finesse et de méchanceté.

Les guerriers placés sous ses ordres l'adoraient, et bien que la position d'un sachem soit toujours assez précaire, et qu'il soit souvent contraint à certaines concessions, jamais le Couteau-Rouge n'avait vu discuter ses ordres ; il régnait sur sa tribu, comme un roi asiatique sur ses peuples.

Ordinairement, lorsque les guerriers indiens sont sur le territoire de chasse, ils emmènent avec eux leurs femmes, leurs enfants et leurs chiens ; les chiens surtout, qu'ils attellent à des espèces de traîneaux, et auxquels ils font transporter leurs bagages ; de plus, ils effacent avec le plus grand soin toutes leurs couleurs belliqueuses et leurs emblèmes menaçants, pour les remplacer par des peintures essentiellement pacifiques.

Cette fois les Piékanns n'avaient pas agi ainsi. Le chef avait amené avec lui seulement des guerriers de choix, qui tous avaient conservé leurs tatouages de guerre. On ne voyait dans le camp, ni femmes, ni enfants, ni chiens. Toutes preuves évidentes que, cette fois, la chasse n'était qu'un prétexte pour les Pieds-Noirs, et qu'en réalité ils se considéraient comme étant sur le sentier de la guerre.

Il y avait dix jours environ que les Peaux-Rouges étaient arrivés à leur campement ordinaire. Nous disons campement ordinaire, parce que lors des grandes chasses, chaque tribu, pour éviter les querelles, campe sur un emplacement choisi à l'avance, et adopté depuis de longues années.

Parmi les croyances indiennes, il en est une surtout, plus singulière que les autres, que nous devons mentionner ici : chaque tribu prétend descendre d'un animal quelconque, dont chacun de ses guerriers grave l'effigie, plus ou moins bien réussie, sur sa poitrine ; et qui, peinte en rouge, sur un carré de peau de bison qu'on attache au bout d'une lance, garnie de plumes sur toute sa longueur, devient ce que les Indiens appellent le *totem* ou étendard sacré de la tribu ; cet emblème est extrêmement respecté, et lors des expéditions, il est confié à un guerrier renommé.

Chaque tribu porte donc le nom d'un animal ; il y a la tribu du Castor, celle de l'Opossum, celle de l'Élan, etc., etc.

Cette croyance des Indiens ne les empêche pas,

cependant, lorsqu'ils sont sur le territoire de chasse, de tuer l'animal dont ils se prétendent issus ; mais ils ne commettent jamais ce meurtre sans s'excuser au préalable, et expliquer à leur victime que c'est la nécessité seule qui les oblige à agir ainsi, que leur victime le sait bien, que le *Wacondah* ou Grand-Esprit, les a autorisés à la mettre à mort, etc., etc., etc.

Il y a parfois de fort singuliers colloques, faits ainsi par les Indiens avec des animaux. Je me rappelle que, pendant le cours d'une certaine expédition que je faisais avec la tribu Comanche du Castor, par laquelle j'avais été adopté, notre file indienne fit la rencontre fortuite d'un étang sur lequel s'était établie une colonie de castors.

Notre sachem s'arrêta aussitôt ; tous les guerriers firent face à l'étang, et alors à qui mieux mieux, ils commencèrent à saluer les castors, et à leur adresser des compliments et des félicitations, en les traitant de bons cousins, et d'amis fidèles ; et cela pendant plus d'une heure, au grand effarement des castors accroupis sur le seuil de leurs cabanes.

Toutes ces protestations n'empêchèrent pas cependant le sachem de revenir six mois plus tard, à l'époque des chasses, avec sa tribu, et de détruire complétement cette pacifique colonie, avec laquelle ils prétendaient avoir une origine commune.

La tribu du Couteau-Rouge était convaincue que son premier ancêtre avait été un ours gris ; elle en portait le nom, et voilà pourquoi chaque année elle revenait camper sur le bord de la Rivière de l'Ours.

C'était par une belle matinée des derniers jours du mois de septembre, le soleil se levait, les Indiens éveillés depuis longtemps déjà, se livraient avec nonchalance aux travaux du matin. Les guerriers répugnent assez ordinairement à ces travaux de propreté, dont ils laissent dans les villages le soin aux femmes.

Le camp solidement établi, sur le bord même de l'eau, et garanti du côté de la terre, par une double rangée de pieux, avait cette apparence de saleté et d'incurie, qui distingue tous les établissements des Peaux-Rouges.

De magnifiques *mustangs*, retenus à des piquets, mangeaient à pleine bouche les pois grimpants qui leur servaient de provende. Le Couteau-Rouge, gravement accroupi sur ses talons près d'un feu allumé devant sa tente, fumait son calumet, la tête penchée sur la poitrine et les yeux à demi-clos. Deux chefs importants de la tribu, mais d'une réputation moins grande que celle du sachem, se tenaient immobile à ses côtés, et soit respect, soit préoccupation, ils affectaient la même contenance que lui.

Après que les chevaux eurent mangé, on les conduisit à l'abreuvoir, puis les guerriers s'occupèrent de préparer leur déjeuner ; les hommes, selon la coutume indienne, devant toujours passer après les animaux.

Bientôt on plaça devant le chef les mets destinés à son repas ; ces mets très-simples consistaient en *pennekann*, viande de bison séchée et réduite en poudre, en *nolchaski*, œufs d'esturgeon pilés avec des groseilles et des framboises sauvages, et enfin en *homynie*, épaisse bouillie de maïs, additionnée d'un peu de graisse d'ours ou de bison et de sel, et que l'on saupoudre ordinairement de pennekann.

Lorsque le *hachesto*, ou crieur de la tribu, eût servi, le Couteau-Rouge invita d'un geste majestueux les deux chefs accroupis près de lui à prendre leur part de son déjeuner.

Ceux-ci acceptèrent par un hochement de tête ; déposèrent leurs calumets et le repas commença sans qu'une parole fût échangée entre les trois hommes.

Ce déjeuner qui, certes, n'aurait que très-médiocrement flatté le palais d'un Européen, était arrosé d'eau de Smilax et de wisky.

Lorsqu'ils ont des vivres, les Indiens mangent gloutonnement. La quantité d'aliments que leur estomac peut engloutir est extraordinaire ; quand un étranger est invité par eux à un repas, il commettrait une impolitesse grave, s'il laissait devant lui la moindre parcelle des mets qui lui sont à profusion présentés.

Ajoutons que, par contre, quand il le faut, les Indiens, supportent les privations avec le plus grand courage.

Malgré la quantité de mets placés devant eux, les chefs ne prolongèrent pas longtemps leur repas, en quinze ou vingt minutes ils eurent terminé ; le hachesto, qui les guettait du coin de l'œil, accourut près d'eux lorsqu'il vit qu'ils avaient achevé et leur présenta le calumet allumé.

Les autres guerriers, dont le repas était aussi terminé, se roulèrent dans leurs fourrures, se couchèrent devant les feux et s'endormirent.

Les Peaux-Rouges n'ont que deux occupations sérieuses, chasser ou faire la guerre, hors de là, ils mangent, boivent, dorment et fument.

Seuls les trois chefs demeurèrent éveillés.

Deux heures s'écoulèrent, sans que le camp fût troublé par aucun mouvement insolite, et sans que les trois chefs eussent changé de posture.

Il était environ onze heures, lorsque le galop de plusieurs chevaux se fit entendre au dehors ; le hachesto se leva et se dirigea vers l'entrée du camp.

Trois cavaliers indiens armés en guerre, et qu'aux nombreuses queues de renard qui pendaient à leurs talons, ainsi qu'à la plume d'aigle gris plantée droite au-dessus de l'oreille gauche, on reconnaissait pour des chefs, s'approchaient rapidement.

Lorsqu'ils eurent atteint la clôture de pieux formant l'enceinte, ils s'arrêtèrent. Alors celui qui paraissait être le chef des autres, et se tenait un peu en avant d'eux, leva le bras droit au-dessus de sa tête, présentant la paume de la main en dehors, les quatre doigts réunis et le pouce courbé.

Le hachesto fit un geste pareil, puis il s'approcha des nouveaux venus, les salua respectueusement, et d'une voix basse et contenue, il leur demanda ce qu'ils désiraient.

Après avoir rapidement échangé quelques mots avec

les étrangers, le hachesto les salua avec le même respect, puis il rentra dans le camp afin de rendre compte au sachem de leur arrivée.

Le Couteau-Rouge écouta d'un air impassible les paroles du hachesto, puis il lui ordonna d'introduire les inconnus.

Au bruit des chevaux les guerriers s'étaient éveillés.

Les inconnus mirent pied à terre et après avoir abandonné la bride de leurs chevaux à des guerriers qui s'étaient approchés, ils s'avancèrent, précédés par le hachesto, vers les trois chefs de la tribu qui les regardaient froidement venir.

Le Couteau-Rouge leva la tête, et alors il remarqua que les trois étrangers, bien qu'ils portassent leur costume de guerre, n'avaient cependant aucune peinture belliqueuse sur le visage.

— Mes frères sont les bien venus, dit-il, Ahnimiki est un grand chef dans sa nation, il prendra place près de son frère le Couteau-Rouge, et il fumera avec lui le calumet de paix.

Ahnimiki, car le principal chef des trois étrangers était en effet le redoutable sachem des Corbeaux, Ahnimiki s'inclina gracieusement à ce compliment, il s'accroupit et accepta le calumet que lui présentait le Couteau-Rouge.

Sur un geste de ce dernier les autres chefs prirent place à leur tour.

Quelques minutes s'écoulèrent pendant lesquelles les trois guerriers fumèrent silencieusement. L'étiquette indienne exige impérieusement qu'aucune question ne soit adressée aux étrangers qui viennent s'asseoir au feu du conseil. Eux seuls ont le droit d'engager l'entretien et de diriger la conversation.

Lorsque Ahnimiki eut complétement fumé le calumet que lui avait présenté le sachem, il en secoua la cendre sur son pouce, puis il se pencha vers le Couteau-Rouge, et le saluant avec un gracieux sourire :

— Je souhaite à mon frère des bisons à profusion, et la rencontre de beaucoup d'ours gris, dit-il.

— Je remercie mon frère, répondit le Couteau-Rouge en répondant par un sourire non moins gracieux au sourire d'Ahnimiki; malheureusement les ours gris se font de plus en plus rares. Les visages pâles sont maîtres dans la savane ; les Peaux-Rouges n'ont plus que leurs restes.

— Oui, fit Ahnimiki avec un sourire amer, les *Longs Couteaux de l'Ouest* s'emparent de tout le gibier comme si le Wacondah l'avait créé pour eux seuls. La charrue des visages pâles se rapproche chaque jour davantage des territoires de chasse des guerriers Rouges. Bientôt la terre manquera sous les pieds des enfants du Grand-Esprit; ils seront contraints de mourir faute de gibier pour les nourrir. Mon cœur se déchire lorsque je songe aux misères qui attendent ma nation. Il me semble que le sang coule moins pur dans mes veines; je me demande si le Grand-Esprit, qui est juste, a réellement consenti à ce que les Blancs s'emparent ainsi de tous ces biens qui nous ont été donnés par lui.

— Mon frère est un guerrier sage, répondit le Couteau-Rouge avec tristesse ; les paroles que souffle sa poitrine lui sont dictées par le Grand-Esprit lui-même ; mon frère Ahnimiki n'a point la langue fourchue ; les paroles qu'il a prononcées ont profondément ému son ami le Couteau-Rouge ; qu'il parle, les oreilles d'un Chef sont ouvertes, un ami écoute.

— Je parlerai donc, reprit Ahnimiki, puisque mon frère m'y invite si gracieusement. Lorsque le Wacondah fit sortir l'homme de la terre, il lui montra les forêts, les savanes, les lacs, les rivières, et il lui dit : « Prends, tout ceci est à toi. » Alors, il n'y avait pas de visages pâles ; *Maboya*, l'esprit du mal, ne les avait pas encore fait surgir des volcans pour persécuter les Peaux-Rouges ; les guerriers s'inclinèrent devant le Grand-Esprit et lui dirent « merci ». Des années s'écoulèrent, cinquante, cent, deux cents, et trente années encore passèrent ainsi. Les Peaux-Rouges étaient heureux. Ils oublièrent le Grand-Esprit et commirent des crimes ; ce fut alors que le Wacondah permit au génie du mal de faire paraître les faces pâles. Les faces pâles se sont emparées de tous les biens des Peaux-Rouges ; il les ont dispersés sur la terre comme des grains de maïs gâtés ; mais la méchanceté de Maboya a été plus loin que ne le voulait le Wacondah. Aujourd'hui les fautes des Peaux-Rouges sont oubliées. Les Blancs leur ont fourni des armes terribles et des chevaux infatigables ; l'heure de la vengeance est venue ; pourquoi mes frères n'en profiteraient-ils pas ? Voyez cet immense territoire de chasse ; il y a dix lunes à peine, il foisonnait encore de gibier de toute sorte ; aujourd'hui tous les animaux ont fui devant les visages pâles ; les Peaux-Rouges sont condamnés à mourir de faim, s'ils ne contraignent pas ces ennemis implacables de leur race, à se retirer, comme ils le doivent, près du grand Lac Salé, qui se trouve bien loin par delà les montagnes. Que pense mon frère de mes paroles ? J'ai dit.

— Mon frère a bien parlé, ses paroles résonnent à mon oreille aussi agréablement que le cri de l'aigle fondant sur sa proie. Les guerriers Piékanns sont venus sur leur territoire de chasse, non pas pour poursuivre les ours ou les bisons, mais pour renvoyer les faces pâles dans leurs villages en pierre ; mais que peuvent faire deux cents guerriers si braves qu'ils soient ? Un Chef attend ; que mon frère réponde !

— Le Couteau-Rouge a les cheveux noirs, mais sa sagesse est grise, c'est un guerrier prudent au feu du conseil. Les Corbeaux de la tribu de l'Opossum ignoraient l'arrivée des Piékanns ; ils ont attaqué les visages pâles ; les visages pâles les ont vaincus. Les Corbeaux flairent le sang, la vengeance a mis une peau épaisse sur leur cœur ; ils se sont rendus chez les Picaneaux, chez les Sioux et chez les autres nations, maîtresses, comme eux, de ce territoire de chasse. Partout ils ont été bien accueillis ; partout ils ont fumé le calumet de paix, et ont trouvé des alliés contre les faces pâles ; la hache est enterrée entre toutes les tribus et les Corbeaux ; que fera le Couteau-Rouge ?

— Le Couteau-Rouge n'enterrera pas la hache ; il y a longtemps que l'amitié règne entre lui et les Corbeaux de l'Opossum. Le Sachem a jeté si loin sa hache derrière lui qu'il serait impossible de la retrouver. Mon frère a un ami ; les guerriers du Couteau-Rouge sont les siens ; voici mon tomawhaack, mon couteau et mon calumet.

— Je remercie mon frère de cette alliance et je reçois avec joie ses présents. Je prie mon frère d'accepter en échange mes armes et mon calumet. J'y joindrais mon cheval de guerre, si je ne savais pas que le Couteau-Rouge en possède de plus beaux et de plus rapides. Dans quatre soleils, après celui-ci, trois cents guerriers se réuniront à la cinquième heure de la nuit au Saut de l'Élan.

— Le Couteau-Rouge y sera en compagnie de tous ses guerriers.

Ahnimiki se leva et prit alors congé du Couteau-Rouge ; le Sachem l'accompagna, ainsi que les principaux Chefs Piékanns jusqu'à l'entrée du camp.

Quelques minutes plus tard, le Chef Corbeau et ses deux compagnons avaient disparu dans les méandres sans nombre de la savane.

Depuis une heure environ, les Chefs Corbeaux s'étaient éloignés, lorsqu'un grand bruit se fit entendre sous le couvert de la forêt, dont les derniers taillis descendaient en pente douce jusques à l'entrée du vallon où les Piékanns avaient établi leur camp.

Ce bruit, en se rapprochant, prit rapidement les proportions d'un véritable tumulte ; plusieurs coups de feu, tirés à très-peu d'intervalle les uns des autres, vinrent encore augmenter l'inquiétude que causait aux Indiens ce bruit dont ils ne pouvaient deviner la cause.

Sur l'ordre du Couteau-Rouge, tous les guerriers prirent les armes et se portèrent aux retranchements; prêts à intervenir, si tout ce tapage n'était qu'une feinte de leurs ennemis, pour leur donner le change et surprendre leur camp.

Deux jeunes guerriers furent envoyés à la découverte ; mais, à peine avaient-ils quitté le camp, que deux cavaliers émergèrent de la forêt avec une rapidité vertigineuse.

L'un de ces cavaliers se retournant sur sa selle, sans ralentir sa course, épaula son fusil et lâcha la détente.

Ce cavalier portait le costume indien ; autant qu'on pouvait le reconnaître, à la distance assez éloignée où il se trouvait du camp, ce devait être un Chef, bien qu'il fût impossible de savoir à quelle nation et à quelle tribu il appartenait.

Le second cavalier portait des vêtements européens; malgré le manteau dont il était recouvert presque en entier, tout faisait supposer que ce devait être une femme.

Cependant les deux inconnus poursuivaient leur course affolée à travers la savane, ne sachant trop de quel côté se diriger.

Quelques minutes s'étaient écoulées depuis leur apparition, lorsqu'une dizaine de cavaliers, vêtus comme les chasseurs canadiens ou Bois-Brûlés, sortant derrière eux de la forêt, les suivirent à fond de train.

Le péril des fugitifs était extrême ; tout espoir de salut leur était enlevé ; cependant, loin de se décourager, ils redoublaient d'efforts pour gagner la rivière à une courte distance du camp.

Lorsqu'ils atteignirent le bord de l'eau, celui des deux cavaliers qui portait le costume européen, lança résolument son cheval dans le courant, l'autre, au contraire, s'arrêta, se retourna une fois encore sur sa selle et, d'un coup de feu, désarçonna un de ceux qui le poursuivaient.

Ceux-ci poussèrent des hurlements de rage, et firent une décharge générale de leurs armes sur l'homme qui les narguait ainsi.

L'Indien brandit son fusil au-dessus de sa tête, d'un air de triomphe ; jeta dans l'air son terrible cri de guerre, et fit entrer son cheval dans l'eau.

Bientôt les deux fugitifs atteignirent la rive opposée et la suivirent à toute bride dans la direction du camp.

Arrivé en face du campement, l'Indien se dépouilla de sa robe de bison qu'il fit flotter au-dessus de sa tête, en même temps que d'une voix stridente, il cria à trois reprise, ces mots :

— *Ziraïng ! ziraïng !* — un frère ! un frère !

— Ho ! ho ! ho ! répondirent les Piékanns en frappant joyeusement dans leurs mains.

Le Couteau-Rouge s'était hâté de se rendre sur le

rivage; il avait suivi avec admiration les péripéties émouvantes de cette fuite si brave et si fière.

Au cri poussé par le Chef inconnu, il leva le bras, la main ouverte et la paume en dehors, puis il ôta sa robe et l'agita en criant d'une voix claire :

— *Andezei! andezei!* — Viens ici! viens ici!

L'étranger, suivi par son compagnon, fit alors entrer son cheval dans la sente aboutissant au camp.

Cependant les cavaliers, après avoir fait halte pour relever leur camarade blessé et le remettre en selle, avaient repris la poursuite obstinée des fugitifs que, depuis un instant, ils avaient perdu de vue.

Ils entrèrent à leur tour dans la rivière, la traversèrent, et alors ils aperçurent avec une rage impuissante, les fugitifs pénétrant dans le camp des Piékanns.

Il y eut parmi eux un moment d'hésitation.

Mais presque aussitôt, ils se dirigèrent, eux aussi, vers le camp.

Cinquante guerriers bien armés, montés sur leurs mustangs, s'étaient rangés sur une seule ligne, à l'entrée des retranchements.

A cette vue, les cavaliers s'arrêtèrent et se consultèrent de nouveau ; puis l'un d'eux, s'avançant à quelques pas du front de la troupe indienne, leva sa main au-dessus de sa tête et fit le signe de paix.

Deux ou trois minutes s'écoulèrent sans qu'il reçût de réponse.

Le chasseur ne se découragea pas, il fit de nouveau un signal, en criant dans le français du Canada, langue comprise et même généralement parlée par les tribus indiennes qui fréquentent ces parages :

— Ami des Peaux-Rouges ! je demande une entrevue avec les Sachems de la nation !

—Que veut le visage pâle? répondit le Couteau-Rouge avec hauteur.

— Entretenir le Chef d'une affaire importante.

— Bon ! que mon frère attende, une, trois, ou six minutes.

Force fut au chasseur de se soumettre; mais bientôt il comprit la cause de ce retard. Il aperçut une quarantaine d'Indiens Piékanns, qui sortis du camp sans être vus, avaient traversé la rivière à la même place où eux-mêmes l'avaient passée et prenaient position, pour leur couper la retraite.

Les Bois-Brûlés se regardèrent avec inquiétude; mais connaissant les hommes auxquels ils avaient affaire, ils affectèrent d'être tranquilles.

Aussitôt que le Couteau-Rouge se fut assuré que ses ordres avaient été exécutés, il leva la main, et s'adressant au chasseur qui suivait tous ses mouvements avec anxiété :

— Mes frères, les visages pâles, sont les bienvenus, dit-il, que quatre d'entre eux traversent la rivière et entrent, sans armes, dans le camp.

Toute résistance était inutile, le piége était si bien tendu que les chasseurs se sentirent pris.

Quatre d'entre eux, après avoir quitté leurs armes, se décidèrent à obéir à cette railleuse invitation.

Le Couteau-Rouge et les principaux Chefs de la tribu attendaient les étrangers. Ils s'avancèrent courtoisement à leur rencontre, et les conduisirent jusqu'au feu du conseil, sans qu'une parole fût échangée.

Arrivé près du feu du conseil, le Couteau-Rouge prit place et fit signe aux étrangers de s'asseoir.

Il y eut un silence assez long, dont les chasseurs profitèrent pour jeter autour d'eux un regard investigateur.

Ils aperçurent alors les deux fugitifs, appuyés l'un et l'autre contre le Totem de la tribu, planté à quelques pas seulement du feu du conseil, à l'entrée de la tente du Chef.

— Pourquoi les visages pâles se sont-ils introduits dans mon camp? demanda enfin le Couteau-Rouge, d'une voix sourde; quelle demande ont-ils à adresser aux guerriers Piékanns? il n'y a rien de commun entre les visages pâles et les guerriers Peaux-Rouges.

Cette question, et surtout le ton sur lequel elle était faite, n'avait rien d'amical; de plus les chasseurs remarquèrent avec une anxiété secrète que le calumet, contre l'habitude indienne, ne leur avait pas été offert; on les traitait donc, non-seulement en étrangers, mais encore en ennemis.

Le Chef des chasseurs Bois-Brûlés était notre ancienne connaissance, Hippolyte Margottet; il était depuis trop longtemps au courant des mœurs indiennes, pour ne pas comprendre tout ce que cette réception avait d'hostile.

7.

Mais c'était un homme d'une grande bravoure, doué d'une certaine finesse, et qui, familiarisé depuis son enfance avec le péril, avait appris à le regarder en face.

— Je me suis présenté dans le camp des guerriers Piékanns, répondit-il, pour m'asseoir au feu du conseil, et adresser à mes frères rouges une demande trop juste pour être repoussée par eux.

— Les Piékanns sont des hommes sages, répondit le Couteau-Rouge avec emphase, nul ne s'adresse en vain à leur justice.

— Je le sais, répondit en s'inclinant le lieutenant du capitaine Griffiths, qui connaissait parfaitement les gens auxquels il parlait, et par conséquent n'avait pas la moindre foi dans leurs paroles; je le sais, les Piékanns sont des guerriers sages, leur demander satisfaction d'une injure, ou réparation d'une insulte, c'est l'obtenir.

Les Chefs indiens s'inclinèrent sans répondre; le lieutenant continua, d'un air aussi tranquille que s'il se fût trouvé en visite dans une maison de New-York ou de Boston:

— J'ai une si grande confiance dans la loyauté de mes frères rouges que je n'ai pas un instant hésité à venir dans leur camp avec mes jeunes hommes; d'ailleurs aucun motif de querelle n'existe entre les Piékanns et les Bois-Brûlés de la rivière Rouge; la hache est enterrée entre eux depuis longtemps. Pourquoi donc craindrais-je de venir sans armes parmi mes frères? Si je les avais crus mes ennemis, deux cents guerriers Bois-brûlés campent à deux lieues et demie à peine d'ici ; j'aurais pu venir avec eux adresser aux Sachems la réclamation qui m'amène dans leur camp. Je ne l'ai pas voulu, je savais que je venais vers des amis.

Il y eut un silence.

Bien qu'ils n'eussent rien perdu de leur impassibilité, les Indiens avaient parfaitement compris l'allusion faite par le jeune homme au sujet des forces dont il pouvait disposer au besoin.

Le Couteau-Rouge fit un geste imperceptible ; un guerrier se sépara du groupe qui se pressait autour du feu du conseil, et s'éloigna aussitôt. Mais ce mouvement n'échappa pas au lieutenant. Il devina que le chef expédiait un espion pour s'assurer de la vérité de ses paroles, il sourit et reprit :

— Un Peau-Rouge vagabond n'appartenant à aucune tribu, et que toutes les nations repoussent, s'est présenté dans mon camp et m'a demandé l'hospitalité ; cette hospitalité lui a été accordée ; il a reconnu ma loyauté, en enlevant une de mes captives ; que mes frères répondent : cet homme avait-il le droit d'agir ainsi ? sa conduite est-elle loyale ? n'est-il pas traître aux lois de l'hospitalité ? Que mes frères soient juges ; j'ai dit !

Tous les regards se tournèrent vers l'Indien toujours immobile et nonchalamment appuyé contre la hampe du totem.

Le Sachem lui fit signe d'approcher et lui lançant un regard soupçonneux :

— Mon frère est accusé, dit-il, ne se défendra-t-il pas?

L'Indien sourit dédaigneusement, mais faisant un effort sur lui-même :

— Je croyais que l'oiseau moqueur ne se rencontrait pas dans ces froides contrées, dit-il d'une voix railleuse; et pourtant son chant trompeur résonne à mon oreille. A quelle tribu appartient ce chien menteur qui ose prétendre que je n'en ai pas, moi qui suis un Chef et un *Sagamore* de ma nation? regardez sa peau, elle n'est ni blanche, ni rouge, ni noire; de quelle race est-il donc issu? il n'appartient à aucune; il ne peut reproduire un homme de sa couleur; il sort de l'accouplement scandaleux d'une chienne huronne et d'un voleur face pâle. De quel droit élève-t-il la voix devant le conseil des Chefs, lui qui ne commande qu'à une troupe de bandits? Ma nation habite bien loin, du côté où vient le soleil; elle est nombreuse et vaillante; je suis un grand Chef chez les *Aucas*, mon nom est Curumilla; voici mon *Totem*.

En parlant ainsi, Curumilla, car c'était bien lui, fit deux pas en avant et écarta la blouse qui lui couvrait la poitrine.

Alors tous les assistants purent voir tatoué en bleu sur son sein gauche un soleil sortant des nuages.

— Curumilla! s'écrièrent les chefs en s'inclinant devant lui avec respect.

— Le frère et l'ami du Chercheur-de-Pistes, le protecteur des Peaux-Rouges? dit le Couteau-Rouge avec émotion.

— Je suis Curumilla ; pour ne pas me séparer de celui que vous nommez le Chercheur-de-Pistes, j'ai tout quitté, amis, parents, tribu, et dans ce pays où je suis venu, j'ai retrouvé d'autres frères, parmi les hommes de ma couleur.

Le Couteau-Rouge se leva, et, s'inclinant avec grâce devant le chef :

— Lui-même l'a dit, répondit-il, il est un Sagamore ; qu'il prenne la place du Couteau-Rouge au feu du conseil ; qu'il commande ; ce qu'il décidera sera exécuté ; ce que fait Curumilla est bien ; la sagesse est en lui et le Wacondah l'aime ; il n'a jamais à expliquer sa conduite.

Curumilla, avec une dignité dont furent frappés tous les assistants, s'assit à la place que lui cédait le Couteau-Rouge, et levant la main pour réclamer le silence :

— Je remercie mon frère de ne pas me demander d'explication, dit-il, mais ma langue n'est pas fourchue, et mon honneur exige que mes fils les Piékanns soient juges entre cet homme et moi ; ce Sang-Mêlé s'est traîtreusement introduit dans la maison de cette femme ; il l'a enlevée à sa famille et à ses amis, qui la pleurent parce qu'ils la croient morte ; depuis il traîne cette infortunée à sa suite pour la vendre aux Mormons, voilà ce qu'a fait cet homme, en avait-il le droit ? Non.

— Non ! répondirent les Chefs d'une seule voix.

— Voici ce que j'ai fait moi, reprit Curumilla, j'ai demandé l'hospitalité, non pas à lui, mais à son chef, le capitaine Griffiths ; cette femme trahie et maltraitée par les Sangs-Mêlés, a imploré près de moi la pitié et la protection des Peaux-Rouges, cette protection je ne pouvais la lui refuser ; hier, lorsque les Bois-Brûlés ont quitté leur camp, je me suis éloigné, puis ce matin à la halte de midi, tandis que tous dormaient gorgés de nourriture et de wistky, je me suis glissé au milieu d'eux, et j'ai enlevé la jeune fille ; mes frères savent le reste. En quoi ai-je manqué aux lois de l'hospitalité ? que mes frères décident.

En ce moment, le guerrier expédié par le Couteau-Rouge à la découverte reparut ; il fit au Sachem un signe que celui-ci comprit seul.

— C'est à mon frère à juger et non à nous ; dit le Couteau-Rouge ; sa conduite a été loyale ; les traîtres sont les Bois-Brûlés.

— Allez, fit Curumilla en s'adressant au lieutenant, vos *mocksens* ont laissé des traces déjà trop profondes dans le camp des Piékanns ; la prisonnière est libre ; vous n'êtes pour nous, ni des amis, ni des ennemis ; partez, mais souvenez-vous que la hache n'est pas enfouie entre nous, de façon à ce quelle ne puisse être promptement retrouvée ; allez, un Chef a parlé.

Malgré son effronterie, le lieutenant Margottet ne trouva rien à répondre ; forcé de reconnaître intérieurement qu'il n'avait point le beau rôle, et surtout qu'il n'était pas le plus fort, il baissa silencieusement la tête, et se leva fort satisfait, du reste, de sortir à ce prix du guêpier dans lequel il s'était si maladroitement fourvoyé.

Ses trois compagnons et lui rejoignirent le gros de leur troupe, qui s'éloigna ventre à terre dès qu'elle eut traversé la rivière.

Les guerriers Piékanns embusqués à quelque distance et qui sans doute avaient reçu des ordres, les laissèrent passer sans les inquiéter.

Deux heures plus tard, le lieutenant Margottet rentrait au camp du capitaine Griffiths et lui faisait d'un air penaud le récit de sa déconvenue.

V

DANS LEQUEL VALENTIN GUILLOIS CONTRACTE UNE ALLIANCE AVEC LES PIEDS-NOIRS.

Les Chefs étaient demeurés accroupis sur leurs talons autour du feu du conseil, fumant silencieusement leurs calumets, et paraissant plongés dans de sérieuses réflexions.

Curumilla après avoir donné l'ordre que doña Dolorès fût conduite dans un toldo, où on l'avait respectueusement installée, Curumilla, disons-nous, fatigué sans doute d'avoir tant et si longtemps parlé contre ses habitudes de mutisme, s'était enveloppé dans sa robe de peau de Bison, comme pour se concentrer en soi-même; cependant parfois il relevait brusquement la tête et semblait prêter l'oreille à des bruits perceptibles pour lui seul.

Les Chefs respectaient le silence songeur du Sachem,

bien qu'ils attendissent avec une certaine anxiété qu'il lui plût de le rompre.

Les faits s'étaient effectivement passés de la façon qu'il les avait expliqués devant le conseil.

Valentin Guillois, qui jamais n'oubliait les promesses faites à ses amis ou à ses ennemis, avait chargé le Chef de s'introduire sous un prétexte quelconque dans le camp des Bois-Brûlés, de l'examiner avec soin, de tâcher de voir doña Dolorès, de s'entendre avec elle, et d'aviser aux moyens à employer pour délivrer la jeune fille.

Curumilla avait écouté son ami, comme il le faisait toujours, c'est-à-dire en lui répondant ce seul mot :

— Bon !

Puis il était parti et avait été tout droit demander l'hospitalité au capitaine Griffiths ; hospitalité que celui-ci lui avait accordée d'autant plus facilement qu'il désirait se mettre bien avec les Peaux-Rouges dont il essayait de se faire des alliés.

Bien reçu dans le camp où on le laissait entièrement libre de ses mouvements, le Chef fureta avec cette adresse indienne sans égale et qu'il possédait à un si haut degré ; sans éveiller les soupçons, il réussit à rencontrer doña Dolorès, à s'en faire reconnaître et à lui faire part d'un projet, dont la pensée lui vint à l'esprit, en causant avec elle ; ce projet sembla à la jeune fille à la fois si simple et si infaillible, qu'elle l'accueillit avec joie, et assura le Chef qu'elle le suivrait partout où il lui plairait de la conduire, plutôt que de rester plus longtemps entre les mains de ses ravisseurs.

Tout bien convenu et bien arrêté entre lui et la jeune fille, le Chef prit congé d'elle, et alla s'étendre auprès d'un feu de veille, où il s'endormit, ou du moins parut s'endormir presque aussitôt.

Curumilla s'était dit ceci : Valentin veut délivrer doña Dolorès, il m'envoie en avant pour tout préparer; si l'occasion s'en présente, pourquoi ne délivrerais-je pas la jeune fille? Essayons; si je réussis, Valentin me remerciera; d'autant plus que je lui aurai rendu un grand service, en faisant tout de suite une chose que lui ne pourrait accomplir que dans quelques jours, et encore !

Le lendemain le Chef prit congé du Capitaine et partit, au moment où celui-ci levait son camp pour se porter au rendez-vous qu'il avait assigné au capitaine Kild.

Mais Curumilla n'alla pas loin ; après s'être un peu éloigné du camp, il s'embusqua de façon à voir sans être vu tout ce qui s'y passait: les chariots furent chargés et attelés; puis les Bois-Brûlés montèrent à cheval et se mirent en route; le chef les suivit de loin, sans les perdre de vue une seconde.

A midi les Bois-Brûlés firent halte, pour manger et se reposer; leur troupe était si nombreuse, ils inspiraient un tel effroi aux Indiens ; ils avaient un telle conviction de ne pas être attaqués que, leur repas terminé, ils se livrèrent au sommeil, sans prendre d'autre précaution que de placer deux sentinelles.

Lorsque Curumilla vit les Bois-Brûlés endormis, il jugea que le moment d'agir était venu ; il se glissa comme un serpent dans les broussailles, poignarda les sentinelles, qui tombèrent sans pousser un cri ; puis, débarrassé de ces surveillants incommodes, il s'empara de deux vigoureux mustangs qu'il conduisit dans les halliers.

Doña Dolorès, que l'espoir et l'inquiétude tenaient éveillée, avait assisté toute frémissante aux opérations de Curumilla ; en le voyant emmener les chevaux, elle s'était levée et l'avait suivi le cœur palpitant ; aussi au moment où le Chef se retournait pour aller l'avertir, la vit-il debout et anxieuse derrière lui ; Curumilla fit un geste de satisfaction ; plaça la jeune fille sur un cheval, monta sur l'autre et se penchant à son oreille :

— Tout doucement, dit-il.

En effet, ils s'éloignèrent au petit pas ; ils marchèrent ainsi pendant près d'un quart d'heure, l'oreille tendue au moindre bruit.

Tout à coup ils entendirent une grande clameur ; doña Dolorès voulut mettre son cheval au galop.

— Pas encore, dit-il.

Les Bois-Brûlés en s'éveillant avaient découvert les cadavres des sentinelles ; de là, leurs cris de fureur.

Les fugitifs continuèrent donc à cheminer paisiblement ; seulement, du pas, ils étaient passé au trot, puis au grand trot, de sorte qu'ils s'éloignaient assez rapidement.

Soudain Curumilla se pencha vers doña Dolorès.

— Maintenant ! dit-il.

Les deux mustangs partirent comme le vent.

Cependant, si rapide que fût leur course, ceux qui les poursuivaient n'épargnaient pas leurs montures ; on entendait retentir les sabots de leurs chevaux sur la terre durcie, comme le roulement sinistre d'un tonnerre lointain.

— Ma sœur est-elle brave ? demanda le chef à sa compagne.

— Je l'ignore, répondit-elle tout enfiévrée, ce que je sais, c'est que je me tuerai plutôt que de retomber au pouvoir de ces misérables.

— Bon ! fit le chef, ma sœur n'a rien à craindre ; Curumilla a juré de la sauver.

— Merci, répondit-elle ; je le crois ; et j'ai confiance en vous.

La fuite continua.

Bientôt les Bois-Brûlés apparurent ; ils arrivaient comme une trombe.

Curumilla, nous l'avons dit, avait des armes excellentes : deux revolvers Galand et une carabine.

— Continuez à galoper, dit-il à la jeune fille.

— Que prétendez-vous faire ? Je ne veux pas vous quitter !

— Soit, restez ; votre cheval soufflera. Cela vaut mieux.

Curumilla s'arrêta, prit un de ses revolvers, redressa la tige et épaula comme s'il se fût agi d'une carabine.

Les Bois-Brûlés n'étaient éloignés que de neuf cents à mille mètres au plus.

Le Chef tira six fois ; six chevaux roulèrent sur le sol entraînant leurs cavaliers dans leur chute.

Les fugitifs recommencèrent à fuir.

Les Bois-Brûlés, effrayés de la longue portée et de la justesse de ces armes terribles, avaient fait halte ; les chevaux seuls avaient été frappés. Curumilla n'avait pas tiré sur les hommes ; les six cavaliers démontés, moulus de leur chute, ne purent continuer la poursuite ; les autres repartirent ventre à terre.

Mais bientôt le second revolver de Curumilla abattit encore six cavaliers ; les Bois-Brûlés étaient fous de rage ; cependant ils continuèrent ; ce fut alors que le Chef se servit de sa carabine et déboucha dans la plaine en face du camp des Piékanns ; le lecteur sait le reste.

Doña Dolorès était sauvée... provisoirement du moins.

La journée s'avançait, le silence durait depuis plusieurs heures ; Curumilla, de plus en plus absorbé dans ses pensées, ne semblait pas songer à le rompre.

Le Couteau-Rouge se décida enfin à prendre la parole.

— Les oreilles de mon père sont-elles ouvertes ? demanda-t-il.

— Que désire mon fils ? répondit le chef en relevant la tête.

— Les guerriers Piékanns réclament de mon père un conseil.

— Les Piékanns sont les enfants de Curumilla ; il écoute.

— Curumilla n'a pas la langue fourchue, un mensonge n'a jamais souillé ses lèvres : les *coyotes* et les loups s'associent pour chasser l'élan et le bison dans les grandes solitudes, ainsi font les faces pâles pour voler les territoires de chasse des Peaux-Rouges. Quelle est la pensée de mon père ? que doivent faire les Indiens pour renvoyer sur les bords du grand lac Salé les faces pâles, dont la convoitise est insatiable ?

Sans répondre, le Sachem prit un carquois rempli de flèches, posé à terre près de lui, et, après avoir réuni toutes les flèches en un seul faisceau dans sa main, il présenta ce faisceau au Couteau-Rouge en lui disant :

— Mon frère est jeune, sa vigueur est grande, comment fera-t-il pour briser ce faisceau ?

Le Pied-Noir secoua la tête.

— Je n'essayerai pas, dit-il, je ne pourrais le rompre.

Curumilla sourit et présenta tour à tour le faisceau à tous les autres Chefs, dont il reçut la même réponse.

— Ce faisceau, dit-il alors, ce sont les nations indiennes ; réunies, aucune force ne serait assez puissante pour les vaincre ; ces flèches ainsi attachées résistent à tous les efforts, mais, séparées, un enfant les briserait.

Et, après avoir éparpillé les flèches autour de lui, il les reprit les unes après les autres, et, au fur et à mesure, il les cassa toutes.

— Mes frères m'ont-ils compris ? ajouta-t-il.

— Oui, répondit le Couteau-Rouge, *Sans-Traces*, le

grand sagamore des Aucas, nous conseille d'être unis. Les Indiens ont prévenu son désir : déjà plusieurs puissantes nations ont enterré profondément la hache entre elles et se sont alliées pour combattre les visages pâles. Mais l'entreprise qu'elles veulent tenter est difficile, leurs ennemis sont puissants. Elles redoutent d'être vaincues; pourquoi le Chercheur-de-Pistes, l'ami des Indiens, ne vient-il pas en aide aux guerriers Peaux-Rouges? Avec son appui, ils seraient vainqueurs !

— Le Chercheur-de-Pistes a de nombreux ennemis; ces ennemis le poursuivent; s'il vient en aide aux Peaux-Rouges, peut-il compter sur leur alliance? Il n'est pas seul, plus de trente chasseurs renommés marchent dans la trace de ses mocksens ; que mes frères décident!

— Le grand Chercheur-de-Pistes demande-t-il le secours des Ken'has? dit le Couteau-Rouge d'une voix insinuante ; le Sachem est-il envoyé près des Pieds-Noirs pour demander ce secours ?

— Non, répondit froidement Curumilla ; le Chercheur-de-Pistes n'a jamais refusé le secours que lui demandaient ses amis les Peaux-Rouges. Bien souvent il leur est venu en aide, mais jamais, jusqu'à ce jour, il n'a sollicité leur appui ; les paroles prononcées par Curumilla ont été soufflées à son cœur par l'amitié qu'il éprouve pour les Piékanns, mais il n'est chargé d'aucune mission auprès d'eux; peut-être si les Ken'has sollicitent l'appui du Grand-Chasseur pâle, consentira-t-il à le leur accorder, mais jamais il ne réclamera leur protection. Un Sachem a parlé, que les chefs réfléchissent.

Curumilla se leva et précédé par le Couteau-Rouge, il se retira dans une hutte, que sur l'ordre du Chef, on avait faite exprès pour lui.

Là, les Sachems se séparèrent avec toutes les cérémonies exigées par l'étiquette compliquée des Indiens, puis le Couteau-Rouge retourna à pas lents et d'un air pensif, s'asseoir au feu du conseil.

Vers le soir, un peu avant le coucher du soleil, les Chefs, qui avaient tenu entre eux un grand *conseil médecine*, se levèrent et se rendirent à la hutte habitée par Curumilla.

— Mes frères sont les bien venus, dit-il avec un gracieux sourire.

Les guerriers s'inclinèrent silencieusement, puis sur une invitation muette du Chef ils s'accroupirent autour du foyer de la hutte et allumèrent leurs calumets.

Lorsque les calumets eurent été fumés, après un court silence, le Couteau-Rouge salua Curumilla et prit la parole :

— Les guerriers Piékanns, dit-il, après avoir écouté les paroles du Sachem des Aucas, ont réfléchi pendant plusieurs heures, autour du feu du conseil, sur la détermination qu'il leur convenait de prendre ; Curumilla est un Chef sage ; il sait que les femmes et les enfants seuls, ne possédant ni l'intelligence, ni l'expérience des guerriers, prennent étourdiment et sans y songer des déterminations dont ils sont incapables de comprendre la portée; mais les Piékanns n'agissent pas ainsi, eux, parce que ce sont des hommes; voici ce que disent les Chefs et les grands braves de la nation : Curumilla aime ses frères les Pieds-Noirs; lorsqu'il parlait dans le conseil, si sa bouche soufflait des paroles, son cœur les inspirait, et les conseils qu'il a donnés aux chefs doivent être pris en considération. Le Chercheur-de-Pistes est l'ami des Peaux-Rouges, sans cesse il les a aidés et secourus; il n'a pas besoin d'être aidé par eux, ce sont eux qui ont besoin d'être protégés par lui; Curumilla dit vrai, il n'a reçu aucune mission de son ami. Mais les Piékanns, dont il est l'hôte, réclament de lui un service; les Chefs désirent que le Chercheur-de-Pistes se montre parmi eux, qu'il vienne dans leur camp; s'ils savaient où le rencontrer, ils se mettraient immédiatement à sa recherche; mais Curumilla connaît le campement de son ami, il ira vers lui et il lui dira : « Chercheur-de-Pistes, vos fils les Piékanns, ont une peau épaisse sur le cœur, ils implorent votre assistance, ils réclament votre appui contre leurs ennemis; venez près d'eux au plus vite; que votre présence les console, et fasse succéder, dans leur esprit, la joie à la tristesse qui les dévore. »

— Les paroles de mon frère le Sachem ont résonné à mon oreille avec une douceur extrême, répondit Curumilla; ce que désirent les Piékanns, Curumilla le fera cette nuit même; le nuage, qui s'est étendu sur le cœur de mes fils les Piékanns, doit être promptement dissipé; dans une heure Curumilla quittera le camp de ses frères en confiant à leur loyauté la jeune fille pâle qu'il leur a amenée. J'ai dit.

— La jeune fille pâle est la sœur des Piékanns, répondit le Couteau-Rouge avec noblesse ; elle est sous la sauvegarde du Totem de ma nation ; nul danger ne saurait l'atteindre, quand même Curumilla demeurerait pendant le cours d'une lune entière, éloigné de ses amis.

Une heure plus tard, c'est-à-dire aussitôt que la nuit fut complétement tombée, Curumilla quitta le camp ainsi qu'il l'avait promis.

Nous avons, dans un précédent chapitre, expliqué comment au milieu des ténèbres, éloignés l'un de l'autre d'au moins une demi-lieue, Valentin Guillois et Curumilla étaient cependant parvenus à causer entre eux en imitant le cri de divers animaux, et à échanger ainsi tous les renseignements dont ils avaient besoin.

Un peu avant le lever du soleil, Curumilla était de retour dans le camp des Pieds-Noirs.

Le Couteau-Rouge, leur premier Sachem, embusqué près des retranchements, épiait anxieusement l'arrivée du Chef.

— Que dit mon père, le Chercheur-de-Pistes ? demanda le Sachem Pied-noir, lorsqu'il eût échangé les premiers saluts avec le Chef.

— Le Chercheur-de-Pistes, dit Curumilla, a répondu ces paroles : « Je ne serai pas sourd à l'appel de mes enfants Rouges : lorsque le soleil sera assez haut dans le ciel pour que l'ombre disparaisse au pied des arbres, j'entrerai dans le camp des Pieds-Noirs. »

— Bon, répondit affectueusement le Sachem, mon frère a loyalement tenu sa promesse ; je le remercie. Le Chercheur-de-Pistes sera reçu comme il a le droit de l'être par ses enfants Rouges.

En ce moment, la couverture servant de porte, ou plûtôt de portière, à la hutte de doña Dolorès de Castelar, fut soulevée par une main mignonne, et la jeune fille parut.

Bien qu'elle se sût parfaitement en sûreté au milieu des Indiens auxquels Curumilla l'avait confiée, la situation précaire dans laquelle elle se trouvait remplissait d'amertume le cœur de cette jeune fille ; pendant la nuit presque tout entière, elle était demeurée éveillée sous l'empire d'une surexcitation nerveuse, causée sur elle par les événements dont, quelques heures auparavant, elle avait été l'héroïne, et les pérépéties d'une course affolée à travers monts et fondrières.

Aux premières lueurs du jour, doña Dolorès sortait pour rafraîchir son front brûlant au souffle glacé de la brise matinale.

Elle s'approcha des deux Sachems et les salua avec un gracieux et mélancolique sourire.

Le Couteau-Rouge, avec cette grâce et cette délicatesse qui semblent innées chez les Peaux-Rouges, salua la jeune femme avec respect et s'informa affectueusement de la façon dont elle avait passé la nuit. Pour la rassurer complétement, il lui réitéra qu'elle n'avait plus rien à redouter de ses ennemis ; que jamais elle ne retomberait entre leurs mains.

— Je vous rends grâces, Chef, répondit-elle ; mais, ajouta la jeune femme, dont le fier regard étincela d'une sombre résolution, si, malgré votre toute-puissante protection, les bandits qui une fois ont réussi à m'enlever s'emparaient de nouveau de moi, ils ne m'auraient que morte. Je me tuerai plutôt que de redevenir leur captive.

Et, d'un geste significatif, elle écarta le pan de son *zarapé* et montra le manche d'un long poignard passé dans sa ceinture.

— Ma fille est brave, répondit le Couteau-Rouge en souriant ; mais ses armes lui sont inutiles, elle est sous la sauvegarde du Totem de ma nation, mes guerriers combattront pour elle.

Nous ouvrirons ici une parenthèse pour constater un fait que, nous ne savons pourquoi, un grand nombre d'historiens anciens et modernes ont constamment essayé de révoquer en doute ; laissant ainsi se propager une erreur fâcheuse, pour ne pas dire une calomnie honteuse, qui attaque surtout l'honneur des femmes blanches et que, pour cette raison, il est important de détruire.

Le premier propagateur de cette calomnie est le baron de la Hontan ; dans les mémoires plus que fantaisistes publiés par lui sur le Canada, 1715, cet auteur affirme que les dames de Québec et de Montréal étaient *si curieuses* des sauvages quelles attendaient avec une vive anxiété l'époque où ceux-ci se rendaient dans les deux capitales du Canada pour y vendre leurs pelleteries.

Le baron de la Hontan ajoute plus bas que les sauvages n'étaient pas moins *curieux* des femmes blanches, et qu'aucun obstacle n'était assez fort pour les empêcher d'en faire leurs maîtresses.

Pourquoi le baron de la Hontan a-t-il écrit cela? Par dépit ou par vengeance peut-être? Le père Charlevoix, l'homme qui a le mieux connu les Indiens de cette époque, relève vertement cette calomnie.

Depuis, lors, jusqu'au jour où nous écrivons, tous les hommes qui ont vécu parmi les Indiens, ont été à même de s'assurer de la fausseté de ce fait honteux.

Voici la vérité à ce sujet : on a constaté que dans les colonies françaises, les planteurs de race blanche ont souvent des maîtresses noires; mais il est constant que jamais une créole blanche n'est devenue volontairement la maîtresse d'un nègre.

Nous répétons que nous ne parlons que des colonies françaises, car dans les colonies anglaises, cela se passait tout autrement.

Bien que nos créoles fussent accoutumées dès l'enfance à vivre au milieu des nègres, qu'elles eussent pour eux souvent une vive affection, et qu'elles les traitassent presque toujours avec une grande bonté, elles ne virent jamais en eux que des hommes d'une race très-inférieure à la leur, et avec lesquels toute alliance était impossible.

En Amérique de terre ferme, ce sentiment est poussé beaucoup plus loin; il existe entre les deux races blanche et rouge une antipathie tellement grande, qu'elle

8.

est poussée de la part des Indiens jusqu'au dégoût le plus profond. Il y a loin de là à la *curiosité* constatée par le baron de la Hontan.

Bien souvent les Peaux-Rouges se sont emparés de blanches jeunes et belles ; ils en ont toujours fait leurs esclaves, jamais leurs femmes. S'il y a eu alliance entre les deux races, cette alliance n'a été contractée que par des créoles de race anglo-saxonne ou par des hommes de race blanche qui, vivant dans les tribus indiennes, s'y sont mariés et ont ainsi formé cette race, cette classe de métis, auxquels on a donné le nom de Bois-Brûlés ; mais il n'existe pas un seul exemple d'une femme blanche, *Française surtout,* mariée à un Indien ou devenue sa maîtresse de son plein gré.

Aussi les femmes savent-elles que, lorsqu'elles tombent entre les mains des Indiens, elles n'ont pas à redouter le déshonneur, mais la torture et la mort.

Maintenant que nous avons bien constaté que le dire du baron de la Hontan et d'autres écrivains, aussi peu dignes de foi, n'est qu'une odieuse calomnie, nous reprendrons notre récit au point où nous l'avons laissé quelques lignes plus haut.

Curumilla était un trop profond observateur; il avait une trop grande et surtout une trop longue expérience du cœur humain, pour ne pas découvrir au premier mot l'inquiétude dont la jeune femme était dévorée ; il ne fit donc aucune difficulté de l'instruire de ce qui s'était passé entre lui et les Chefs Piékanns, et de lui annoncer l'arrivée prochaine de Valentin.

Cette nouvelle causa une vive émotion à doña Dolorès ; la jeune femme sentit l'espérance se glisser doucement dans son cœur et l'échauffer de ses bienfaisants rayons ; il lui sembla que l'intervention dans ses affaires du Chercheur-de-Pistes ne pouvait que lui être avantageuse, d'autant plus qu'il lui parut impossible que don Pablo Hidalgo, après l'insuccès de la tentative qu'il avait si vaillamment exécutée contre les aventuriers, n'eût pas trouvé l'occasion de se mettre en rapport avec le célèbre coureur des bois, et par conséquent de trouver auprès de lui l'appui qui jusque-là lui avait manqué pour agir efficacement en faveur de celle qu'il aimait, et la soustraire, une fois pour toutes, aux persécutions dont elle était depuis si longtemps la victime.

Ce fut donc avec une anxiété mêlée d'espérance et de joie que la jeune femme attendit l'arrivée du Chercheur de pistes, et qu'elle se prépara à le recevoir.

Le Couteau-Rouge et les autres Chefs Pieds-Noirs n'étaient pas moins impatients que la jeune femme ; mais ils avaient mis sur leurs visage ce masque d'impassibilité indienne au moyen duquel les Peaux-Rouges réussissent si bien à cacher leurs sentiments, même les plus vifs.

Midi sonnait, dirions-nous, si nous nous trouvions dans une ville au lieu d'être en plein désert du Grand-Nord, lorsque les Indiens, dont tous les regards étaient fixés sur la campagne, qu'ils interrogeaient fiévreusement, virent tout à coup un cavalier émerger d'une sombre chêneraie, située à l'extrême limite de l'hori zon, et se diriger au galop de chasse vers le camp.

Ce cavalier était seul ; les Indiens n'eurent besoin que d'un regard pour le reconnaître : c'était Valentin Guillois.

Le Couteau-Rouge porta à sa bouche l'*itkitchota* suspendu sur sa poitrine et en tira une note stridente.

A ce signal, une quarantaine de guerriers sautèrent à cheval. Le Couteau-Rouge se mit à leur tête, et tous, bondissant à sa suite comme une légion de démons, s'élancèrent à fond de train dans la plaine.

Ils s'étendirent bientôt en éventail, faisant caracoler leurs chevaux, brandissant leurs armes au-dessus de leurs têtes, lançant leurs fusils en l'air et les rattrapant sans ralentir leur course furieuse ; exécutant, en un mot, tous les exercices de haute école hippique, auxquels les Arabes ont donné le nom de *fantasia*, avec une habileté et une précision admirables.

A un certain moment, ils firent une décharge générale de leurs fusils ; puis se mettant sur une seule ligne, ils poussèrent une charge à fond de train, et avec une adresse merveilleuse et qui semblait tenir du prodige, ils vinrent s'arrêter, comme si les pieds de leurs chevaux eussent subitement pris racine en terre, à dix pas à peine de Valentin.

Le Chercheur-de-Pistes n'avait ni hâté, ni ralenti l'allure de son cheval. Il était depuis beaucoup trop longtemps identifié avec toutes les coutumes indiennes, pour ne pas reconnaître dans cette démonstration, ce qu'elle était en réalité, c'est-à-dire un témoignage éclatant de la considération respectueuse que les Indiens éprouvaient pour lui, et de la joie qu'ils ressentaient en le voyant arriver seul et confiant au milieu d'eux.

Le Couteau-Rouge et les autres Chefs de la tribu avaient continué à se rapprocher à petits pas ; bientôt, ils furent auprès du chasseur.

Alors les salutations commencèrent.

Chez aucune nation, même des plus civilisées de l'Europe, ou de l'Orient, on ne trouve une étiquette, nous ne dirons pas plus, mais seulement aussi méticuleuse que chez les Indiens.

Le roi Henri III, qui le premier en France s'occupa sérieusement de régler l'étiquette de la cour; le roi Louis XIV, qui, à force de l'augmenter, en fit, pour ainsi dire, un dogme, quelque chose de saint et de révéré, établissant une barrière infranchissable entre la personne du souverain et les gentilshommes des plus anciennes familles de France, n'ont rien fait de comparable aux raffinements obtenus par les Indiens sur la question d'étiquette.

Les saluts et les présentations se prolongèrent pendant plus d'une heure et demie.

Valentin Guillois supporta patiemment toutes ces exigences ; il avait un but qu'il voulait atteindre, rien ne pouvait l'arrêter.

Les présentations terminées, les Indiens reprirent le chemin du camp en poussant force hurlements de joie, chargeant et déchargeant leurs fusils et recommençant en même temps et dans des proportions plus extraordinaires encore la brillante fantasia que précédemment ils avaient déjà exécutée.

A peine de retour dans le camp, les Chefs se réunirent dans le *calli* ou hutte médecine, et tinrent un grand conseil auquel tout naturellement assistèrent Valentin Guillois et Curumilla.

Beaucoup de discours furent prononcés.

Valentin prié de parler, expliqua alors dans les plus minutieux détails la politique qu'il convenait aux Indiens de suivre.

Ces développements écoutés avec la plus sérieuse attention, frappèrent vivement les Chefs qui adoptèrent à l'unanimité et presque sans discussion, les propositions du chasseur.

Comme nous ferons assister bientôt le lecteur à l'exécution du plan proposé par Valentin Guillois, il est inutile d'en parler quant à présent. Nous nous bornerons seulement à constater que le Chercheur-de-Pistes vivement sollicité par tous les Sachems de prendre le commandement des forces alliées, refusa péremptoirement de le faire.

En effet, la guerre que les Indiens venaient à l'instant de résoudre, était une guerre essentiellement indienne; une revendication que les Peaux-Rouges faisaient de leurs territoires de chasse; une protestation contre l'envahissement de leur pays par les Blancs; et, bien que les hommes contre lesquels les Indiens allaient faire la guerre, ne fussent pas les compatriotes du chasseur, cependant eux et lui étaient sinon de la même couleur mais tout au moins avaient la même origine ; par conséquent son intervention en qualité de chef de la ligue, pouvait jusqu'à un certain point, être considérée comme une trahison, ou tout au moins une apostasie ; le seul rôle qu'il lui fût permis de prendre était donc celui de conseiller et de simple volontaire dans les rangs des guerriers.

Les Peaux-Rouges connaissaient trop l'inflexibilité de caractère du chasseur pour essayer de lui faire modifier sa résolution, et bien qu'à regret ils s'inclinèrent devant sa volonté.

A l'issue du conseil, des émissaires furent expédiés dans plusieurs directions, afin d'instruire les confédérés, des mesures qui venaient d'être prises ; leur demander leur approbation et les prier en même temps de se réunir le plus tôt possible, afin que les tribus alliées fussent en mesure d'agir efficacement dans un délai très-court.

En effet, il importait surtout que les Blancs disséminés sur un grand espace dans le désert, ne fussent pas prévenus des mouvements de leurs ennemis, et fussent surpris à l'improviste ; sans qu'on leur eût laissé le loisir de se concerter entre eux, de s'appuyer les uns sur les autres, et d'organiser ainsi la défense.

Le soir même les Chefs qui avaient contracté alliance avec les Pieds-Noirs arrivèrent au camp.

Chacun de ces Chefs, au nombre de cinq, était suivi de trente guerriers d'élite.

Il y avait un Chef Sioux, un Chef Corbeau, un Piccaneau, un Renard et un Assiniboin.

Tous étaient des guerriers expérimentés, des grands *braves*, aux talons desquels de nombreuses queues de loups étaient attachées, qui depuis longtemps avaient fait leurs preuves, tant sur le sentier de la chasse que sur celui de la guerre, et sur lesquels on pouvait compter.

Valentin les vit arriver avec un vif sentiment de joie.

Le chasseur suivait, avec un plaisir secret et qui s'augmentait à chaque instant, la marche des événements ; marche qu'il avait préparée avec tant de finesse et de prudence, pour la réussite de ses projets ; ce qu'il avait obtenu comme résultat en quelques jours à peine était énorme.

En effet, arrivé un mois auparavant à peu près seul dans ces contrées désolées, où tout devait lui être et lui était en réalité hostile, avec la résolution fermement arrêtée d'entamer une lutte mortelle contre un ennemi puissant et aguerri ; il était parvenu, non-seulement à réunir autour de lui une troupe d'amis dévoués, braves et pleins d'expérience ; mais encore à se créer des relations avec les Peaux-Rouges, les seuls souverains réels de ces immenses territoires ; et à s'allier avec eux contre l'ennemi qu'il voulait abattre.

Cet ennemi, isolé maintenant dans le désert, se trouvait à son insu entouré d'un réseau invisible et d'autant plus redoutable, dont les mailles allant sans cesse se resserrant, ne tarderaient pas à l'envelopper de toutes parts et finiraient certainement par l'étouffer.

Valentin avait donc la conviction et presque la certitude d'un succès prochain et définitif; aussi était-ce avec raison qu'il se félicitait des progrès qu'il avait faits dans l'accomplissement de sa vengeance.

Cette nuit-là même, après un nouveau conseil auquel Valentin fut appelé à prendre part, les Chefs tombèrent définitivement d'accord. C'est-à-dire qu'une alliance offensive et défensive fut conclue entre les diverses nations indiennes, en ce moment réunies sur les grands territoires de chasse des savanes de la rivière Rouge, et les chasseurs et trappeurs blancs, dont Valentin Guillois avait été reconnu chef; et la guerre déclarée à tous les métis, sang-mêlés, Bois-Brûlés, émigrants ou autres de race ou d'origine blanche qui prétendraient, malgré la volonté des Indiens alliés, envahir ou seulement traverser leurs territoires de chasse.

Des coureurs furent expédiés dans toutes les directions pour avertir les tribus alliées de la résolution prise par le conseil; des hérauts, choisis parmi les guerriers les plus célèbres, reçurent la dangereuse mission d'aller jeter dans les camps des blancs et des Bois-Brûlés les flèches sanglantes attachées par une peau de vipère, emblèmes symboliques d'une guerre à outrance; puis, sur un signe des principaux chefs, le poteau de la guerre fut dressé au milieu du camp.

Le Couteau-Rouge toucha le premier le poteau de sa hache en chantant et en dansant, le cri de guerre fut poussé et la danse du scalp commença; elle dura la nuit tout entière.

Une heure avant le lever du soleil, les Chefs alliés

prirent congé du Couteau-Rouge et retournèrent à leurs camps respectifs, afin de presser les derniers préparatifs de la campagne qu'ils allaient entreprendre.

Notons en passant que les Indiens, sur le sentier de la guerre, rompent brusquement et sans transition avec leurs habitudes indolentes et paresseuses ; ce ne sont plus les mêmes hommes ; la guerre les métamorphose entièrement ; ils endurent, avec un stoïcisme inébranlable, les fatigues les plus grandes et les privations les plus dures ; parfois même ces sauvages grossiers, et dont la gloutonnerie est effrayante, demeurent, sans se plaindre, deux, trois et même quatre jours entiers sans prendre aucune nourriture et sans qu'une goutte d'eau mouille leurs lèvres.

Il semble que la fatigue n'ait pas de prise sur ces organisations de granit ; rien ne les arrête, rien ne les surprend ; insensibles au froid comme au chaud, à la pluie comme au soleil, ils se rient de la douleur ; aucun obstacle ne saurait les rebuter, aucun contre-temps ne réussirait à les abattre.

Là est le secret de la rapidité de leurs mouvements, de la fureur de leurs attaques et de l'indomptable énergie qu'ils déploient en combattant.

Valentin Guillois connaissait depuis longtemps ces précieuses qualités de ses nouveaux alliés ; aussi espérait-il beaucoup du concours qu'ils lui donneraient.

Après le dernier conseil tenu au coucher du soleil, il avait eu avec Curumilla une courte conversation, à la suite de laquelle le Chef avait immédiatement quitté le camp.

Le chasseur s'était tenu à l'écart des démonstrations belliqueuses de ses alliés; pendant toute la nuit, il resta assis devant un feu de veille, sans que, pendant une seule minute, le sommeil vînt clore ses paupières.

Une heure environ après le lever du soleil, Curumilla rentra au camp.

Le Chef n'était pas seul; un homme l'accompagnait; cet homme était don Pablo Hidalgo.

En apercevant les nouveaux venus, Valentin se leva et se dirigea vers eux.

— Vous voilà enfin, dit-il, en tendant avec un bon sourire la main au jeune homme, je vous attendais avec grande impatience.

— Nous avons marché toute la nuit, répondit le jeune homme en souriant; moi aussi j'avais hâte de vous voir, j'avais comme un pressentiment que quelque chose d'heureux m'attendait près de vous, señor: vous êtes si bon pour ceux que vous aimez.

— Ce pressentiment ne vous a pas trompé; venez, señor.

Il se dirigea aussitôt vers un toldo peu éloigné, à la claie duquel il frappa.

Cette claie s'ouvrit; une femme parut.

Deux cris de bonheur furent poussés à la fois.

Doña Dolorès était dans les bras de don Pablo.

Valentin les considérait en souriant; bien que ses yeux fussent humides.

VI

LES PRÉPARATIFS D'UNE SURPRISE.

Une heure plus tard, Valentin Guillois prit congé des Peaux-Rouges, et accompagné par Curumilla, don Pablo Hidalgo et sa charmante fiancée, doña Dolorès de Castelar, il regagna son camp où il arriva vers huit heures du soir.

— Quoi de nouveau? demanda-t-il à Belhumeur, en mettant pied à terre.

— Rien, répondit le chasseur; le Castor et Navaja ont poussé une reconnaissance assez loin aux environs, sans rien apercevoir de suspect.

Une tente avait été dressée tout exprès pour doña Dolorès; les chasseurs, quelque temps qu'il fasse, ne se construisent jamais d'abri.

Le lendemain à l'aube, Valentin éveilla don Pablo Hidalgo, qui dormait près de lui enveloppé dans ses fourrures.

— Levez-vous, lui dit-il, et me suivez; doña Dolorès nous attend pour déjeuner.

— Déjeuner déjà! fit don Pablo avec étonnement; quelle heure est-il donc?

— Sept heures du matin, le soleil ne va pas tarder à paraître. Venez.

Don Pablo le suivit ne comprenant pas la nécessité de ce repas matinal, mais n'osant pas interroger le chasseur.

Dans l'enfoncement d'un rocher, près d'un feu brillant, un couvert avait été dressé sur un tapis de Turquie, doña Dolorès, assise sur un monceau de fourrures, attendait; en apercevant son fiancé, un délicieux sourire comme un rayon de soleil perçant entre deux nuages, illumina sa ravissante physionomie; la charmante femme n'était pas encore accoutumée au bonheur.

— A table, dit gaiement Valentin et mangeons bien surtout, qui sait quand nous dînerons?

— Je vous avoue, don Valentin, répondit don Pablo, en s'asseyant, que je ne me sens que très-peu d'appétit encore!

— Tant pis, don Pablo, tant pis, efforcez-vous! Je vous avertis que vous avez une longue course à faire aujourd'hui.

— Une longue course! s'écria doña Dolorès avec inquiétude.

— Oui, fit le chasseur en souriant.

— Où va-t-il donc? reprit-elle.

— Vous le saurez, señorita, puisque vous l'accompagnerez.

— Moi ?

— Dame ! à moins que vous préfériez le voir partir seul.

— Qu'est-ce que cela signifie ? demanda don Pablo en laissant tomber son couteau et regardant le chasseur d'un air effaré.

— Allons, fit gaîment Valentin, ne vous effrayez pas ainsi ; je n'ai que de bonnes nouvelles à vous annoncer.

— Ah ! tant mieux, fit naïvement le jeune homme, en respirant comme un noyé que l'on sauve de l'eau.

— Voici, en deux mots, ce dont il s'agit ; avant huit jours, une guerre d'extermination commencera dans cette région, le sang coulera comme de l'eau ; vous savez cela aussi bien que moi.

Les deux jeunes gens firent un signe de tête affirmatif en se serrant l'un contre l'autre.

— J'ai pensé, continua Valentin en souriant, que vous aviez suffisamment payé votre dette au malheur ; maintenant vous êtes réunis ; il n'y a aucune nécessité de vous rendre acteurs ou spectateurs de ces effroyables combats ; mieux vaut vous laisser prendre sur ce chemin de la vie si obstrué de ronces quelques heures de soleil.

— Oh ! vous êtes bon ! s'écrièrent les deux jeunes gens en lui prenant les mains.

— Je ne sais pas, dit-il avec bonhomie, seulement je suis homme et j'ai souffert ; peut-être est-ce pour cela que je comprends tant de choses ! et il soupira.

Pendant quelques minutes il mangea silencieusement; mais, tout à coup, relevant vivement la tête :

— Au diable les souvenirs, dit-il ! ils font un enfant de l'homme le plus fort ! revenons à vous. Voici ce que j'ai arrêté : aussitôt après le déjeuner vous vous mettrez en route ; vos bagages sont chargés, vos chevaux sellés, vos peones prêts, de plus, trois chasseurs, des hommes solides sur lesquels on peut compter, vous accompagneront jusqu'à la limite des établissements ; avec une escorte de dix hommes on passe partout ; vos six peones, mes trois chasseurs et vous, en voilà plus qu'il n'en faut pour mettre en fuite les plus déterminés bandits de nos savanes.

— Je ne sais si je dois accepter tant de grâces, don Valentin ?

— Mon cher ami, répondit-il en riant, vous seriez seul, que j'aurais eu garde de me priver de votre concours, car vous êtes brave, loyal et dévoué ; trois qualités fort rares qui ne se rencontrent pas souvent dans le même homme ; mais il y a avec vous la señora à laquelle vous devez songer avant tout ; ainsi ne parlons plus de cela, et laissez-moi achever : traverser la Cordillière pour redescendre dans les savanes, vous prendrait trop de temps et serait dangereux, surtout aux environs de Dezeret ; et puis en supposant que nul obstacle ne vînt vous arrêter, votre voyage durerait plusieurs mois ; songez que nous sommes ici, dans un pays perdu, aux confins de l'Amérique. J'ai trouvé mieux ; vous traverserez les États-Unis. Il vous faut trois jours tout au plus avec de bons guides, et ceux que je vous donne sont excellents, pour atteindre les frontières du Minosota ; là, vous vous retrouverez sans transition en pleine civilisation : chevaux, chemins de fer, voitures, tous les moyens de locomotion seront à votre disposition ; en moins de quinze jours, vous serez de retour à votre hacienda del Rio Bravo del Norte. Cela vous sourit-il ainsi ?

— Oh ! oui, oui ! vous êtes bon, je vous aime, don Valentin, s'écria la jeune fille les larmes aux yeux, nous vous devrons notre bonheur !

— Et vous don Pablo, vous ne dites rien ?

— C'est que je ne sais comment vous avouer... murmura le jeune homme embarrassé.

— Que venant au désert, vous ne vous êtes muni que très-médiocrement d'argent ; est-ce cela que vous me voulez dire ?

— Ma foi oui, don Valentin, puisque vous possédez le talent de tout deviner, pourquoi vous en ferais-je un secret ; de sorte que bien que je sois très riche, je n'ai pas sur moi les fonds nécessaires, pour subvenir aux dépenses d'un voyage à travers les États-Unis ; et que je me vois contraint à mon grand regret d'y renoncer et de m'en retourner par où je suis venu ; c'est à peine si j'ai cinq cents piastres avec moi.

— C'est déjà une très-jolie somme, mais elle ne suffirait pas.

— Vous voyez bien, fit-il piteusement, d'autant plus que nous sommes huit.

— C'est vrai.

— Ah ! si j'avais su !

— On dit toujours cela lorsqu'il est trop tard.

— Enfin il faut en prendre notre parti ! s'écria résolument doña Dolorès ; vous verrez, querido Pablo, quel voyage charmant nous ferons ainsi côte à côte ; le temps s'envolera sans que nous y songions seulement.

— C'est très-joli ce que vous dites là, señora, fit Valentin en riant, seulement cela n'a pas le sens commun. J'ai trouvé mieux.

— Voyons, fit-elle curieusement.

Don Pablo Hidalgo hocha lamentablement la tête.

— Bon ! vous ne me croyez pas ?

— Oh ! je ne dis pas cela, señor, se récria-t-il vivement.

— Eh bien, écoutez ; je vous ai dit que je vous faisais accompagner par trois chasseurs, n'est-ce pas ?

— Oui, señor.

— Très-bien, l'un de ces trois chasseurs, que vous connaissez du reste, se nomme Pawlet. C'est lui que j'ai chargé de la direction de votre petite troupe ; en atteignant la frontière américaine, il vous conduira à un comptoir de pelleteries ; le plus riche peut-être de toute l'Amérique du Nord ; ce comptoir est dirigé par la raison sociale Milnes, Maxwel and Son ; trois hommes charmants et du meilleur monde, avec lesquels je suis depuis quelque dix ans en relations d'affaires et à qui vous remettrez, je vous prie, cette lettre de ma part.

— Cette lettre ? fit don Pablo en hésitant.

— Je devine, moi ! s'écria doña Dolorès en battant des mains.

— Oh ! Mexicain méfiant et incrédule ! fit Valentin en

riant ; n'ayez pas peur, cette lettre n'a rien de compromettant, c'est tout simplement une ouverture de crédit sur la maison Milnes, Maxwel and Son, afin que vous soyez en mesure de faire face à toutes les dépenses de votre voyage.

— Moi, j'avais deviné ; dit la jeune femme en tendant avec un sourire charmant sa main mignonne au chasseur.

— Oh ! don Valentin, s'écria don Pablo avec effusion, pardonnez-moi, je suis un demi-sauvage ; votre délicatesse me confond ; je ne sais comment je pourrai jamais reconnaître tout ce que vous faites pour moi.

— Je ne vois qu'un moyen : c'est d'accepter ce prêt aussi franchement que je vous le fais.

— Certes, j'accepte, j'accepte de grand cœur ; ce serait vous faire injure que d'agir autrement.

— A la bonne heure, dit gaiement Valentin ; maintenant je vous reconnais. Le crédit que je vous ai ouvert est de dix mille dollars.

— C'est beaucoup, je ne pense pas...

— Vous prendrez ce dont vous aurez besoin, c'est entendu ; seulement, ne vous gênez pas ; croyez-moi, point de fausse délicatesse, je suis beaucoup plus riche que vous ne le supposez ; cette somme n'est rien pour moi ; d'ailleurs, je ne vous en tiens pas quitte. Je compte bien aller vous la réclamer moi-même un jour ou l'autre, lorsque je retournerai en Sonora.

— Oh ! si vous faisiez cela, don Valentin, vous mettriez le comble à toutes vos bontés.

— Je le ferai, soyez tranquille.

— Donnez-moi votre parole, señor, dit doña Dolorès.

— Vous vous méfiez donc de moi, señorita?

— Non, mais je vous sais oublieux envers ceux que vous obligez; votre parole, sinon nous n'acceptons pas. Qu'en dites-vous, Pablo?

— Je suis parfaitement de votre avis, Dolorès.

— Vous voilà pris, señor Valentin, fit-elle en le menaçant du doigt.

— Allons, répondit-il avec bonhomie, il faut faire ce que vous voulez, señorita; je vous donne ma parole d'aller vous voir d'ici à six mois. Êtes-vous satisfaite maintenant, señorita?

— Je suis bien heureuse, et je vous remercie du plus profond de mon cœur.

— Prenez garde, don Pablo mon ami, vous avez là une fiancée qui me semble un peu volontaire; faites bien vos conditions en vous mariant.

— Oh! fit-il en riant, c'est inutile, je ferai toujours tout ce qu'elle voudra.

— Oh! les amoureux! s'écria Valentin.

On se leva, le déjeuner était terminé.

— Maintenant il faut partir, dit Valentin, le temps presse, je voudrais déjà vous voir loin d'ici. Venez.

Il conduisit alors les jeunes gens à une centaine de pas du camp, où une troupe de cavaliers attendait immobile au milieu d'une espèce de carrefour où venaient aboutir plusieurs sentes.

Les deux mules de bât étaient chargées des bagages,

les chasseurs et les peones étaient en selle, ils n'attendaient plus que don Pablo Hidalgo et sa fiancée.

— Vous savez ce que vous m'avez promis, mon cher Pawlet? dit Valentin au chasseur chargé de la direction de la petite troupe.

— Soyez tranquille, master Valentin, répondit le chasseur; d'ailleurs, vous me connaissez.

— Oui, mon vieil ami; aussi, vous le voyez, je n'ai pas hésité à vous donner cette mission de confiance.

— Je vous remercie, vous n'aurez pas à vous en repentir.

— Faites diligence, j'aurai besoin de vous ici.

— Dans sept jours, vous me reverrez.

— J'y compte. Allons, don Pablo, mon ami, embrassons-nous et en route.

Les deux hommes tombèrent dans les bras l'un de l'autre.

Le chasseur, malgré son stoïcisme, était ému. Don Pablo avait les yeux pleins de larmes.

— Embrassez-moi, señor Valentin, dit la jeune femme en s'approchant; embrassez-moi, cela me portera bonheur.

— Soyez heureuse, mon enfant, dit le chasseur en la baisant au front.

Et, comme il sentait l'émotion le gagner :

— A cheval! à cheval! cria-t-il d'une voix forte.

Les deux jeunes gens obéirent.

— En route et bon voyage! reprit-il en leur serrant la main; que Dieu vous protége!

— Au revoir ! à bientôt ! s'écrièrent les deux fiancés.

— Oui, au revoir ! Soyez heureux.

La petite troupe se mit en route, quelques mots furent encore échangés de loin, puis les cavaliers tournèrent l'angle de la sente, s'enfonçant dans un pli de terrain, et on ne les vit plus.

Valentin demeura un instant immobile à la même place.

— Oui, murmura-t-il, qu'ils soient heureux, les pauvres enfants !

Et il regagna son camp lentement et tout pensif.

Curumilla l'attendait.

Les deux hommes eurent entre eux un long entretien ; c'est-à-dire que Valentin parla et que son ami répondit par force gestes et quelques interjections prononcées d'une voix gutturale ; après cet entretien, Valentin serra la main du chef, et celui-ci quitta immédiatement le camp.

Le rôle que Valentin s'était réservé était assez difficile ; il lui fallait constamment se tenir à égale distance des Bois-Brûlés et de la troupe du capitaine Kild, dont il s'était réservé la surveillance spéciale, tout en demeurant cependant en communication directe avec ses nouveaux alliés, les confédérés Peaux-Rouges.

Ceux-ci surtout lui donnaient fort à faire par leur impatience d'en venir aux mains.

Des émissaires avaient été envoyés dans tous les villages d'hiver pour rassembler des guerriers ; de son côté Valentin avait fait prévenir tous les chasseurs et trappeurs blancs, disséminés dans les montagnes dans un périmètre de cinquante lieues au moins; il fallait donner à tous ces secours le temps d'arriver et de se réunir à un rendez-vous qui leur avait été assigné à une vingtaine de lieues environ de la rivière Jourdan, presque à la descente dans les plaines des plateaux secondaires des montagnes.

Valentin avait eu plusieurs entrevues avec Benito Ramirez, ou plutôt Octavio Vargas; par lui il avait eu des nouvelles de doña Rosario; tout semblait marcher vers un dénoûment prochain.

Celui de tous les confédérés qui donnait le plus de peine à Valentin était le chef des Indiens-Corbeaux; Ahnimiki ne pardonnait pas au capitaine Kild l'échec que celui-ci lui avait fait subir; il ne rêvait que vengeance contre les émigrants; il avait fait promettre à Valentin de le conduire lorsque le moment d'agir serait venu, au camp des blancs; celui-ci n'avait consenti, à la vérité, à lui donner cette satisfaction qu'en se réservant de choisir lui-même l'heure et le temps qui lui sembleraient propices.

Six jours s'étaient écoulés depuis le départ de don Pablo Hidalgo et de doña Dolorès pour les établissements; rien de particulier ne s'était passé; chaque jour on marchait, puis, le soir venu on campait; et cela avec des précautions si grandes et si bien prises que depuis si longtemps que durait ce manége, les émigrants n'avaient pas encore pu s'apercevoir de la surveillance incessante dont ils étaient l'objet; la même chose arrivait pour les Bois-Brûlés.

Et pourtant Bois-Brûlés et émigrants avaient constamment de nombreux éclaireurs en campagne, et de hardis batteurs d'estrade en avant et sur leurs flancs.

Mais tout était inutile; éclaireurs et batteurs d'estrade ne voyaient et n'entendaient rien.

Les Peaux-Rouges et les chasseurs avaient disparu sans laisser de traces derrière eux, on aurait dit que la terre les avait subitement engloutis.

On approchait des plaines; quatre jours encore et l'on atteindrait la rivière Jourdan.

Un soir, Curumilla qui battait incessamment les montagnes dans toutes les directions, annonça l'apparition de deux troupes assez nombreuses, l'une venant de l'Est et l'autre du Nord-Ouest.

Ces deux troupes, Curumilla n'avait pu les reconnaître suffisamment; cependant il s'était assez approché d'elles pour se croire autorisé à affirmer qu'elles étaient entièrement composées d'hommes blancs.

Cette nouvelle inquiéta fort Valentin Guillois, à qui elle donna beaucoup à réfléchir.

Selon le parti qu'ils adopteraient, ces nouveaux venus pouvaient exercer une très-grande influence sur les suites de la guerre; il n'y avait donc plus à hésiter, il fallait en finir au plus vite, si l'on ne voulait avoir sur les bras le double d'ennemis à combattre; car, selon toute probabilité, ces inconnus appartenant à la race blanche, se rangeraient plutôt avec des hommes de leur couleur qu'avec les Peaux-Rouges.

Cette supposition était rigoureusement logique, et comme cela arrive trop souvent dans la vie pratique, par cela même elle était fausse; mais Valentin ne pouvait pas s'en douter.

Il assigna au chef des Corbeaux un rendez-vous au coucher du soleil, à une assez courte distance du camp des émigrants, et à l'heure dite il s'y trouva.

Ahnimiki ne se fit pas attendre de son côté.

Après avoir échangé les compliments d'usage, Valentin pria le chef de le suivre, ce que celui-ci, qui pénétrait sans doute les motifs pour lesquels le chasseur lui avait assigné ce rendez-vous, fit aussitôt.

Ils s'enfoncèrent alors sous le couvert, marchant l'un derrière l'autre et sans échanger une parole.

Arrivé auprès d'un arbre creux, Valentin s'arrêta, puis après avoir examiné scrupuleusement les environs, il reprit sa marche.

Cette fois elle ne dura que quelques minutes, Valentin s'arrêta de nouveau, s'assit sur un quartier de roc et invita son compagnon à l'imiter.

Cet endroit était un des mieux choisis pour y faire halte et causer sans crainte d'être entendu.

Un torrent descendant des montagnes tombait en tourbillonnant d'une hauteur prodigieuse, et allait rejoindre la plaine par les conduits souterrains qu'il s'était creusés.

Les grondements formidables de cette chute d'eau,

étouffaient la voix de telle sorte qu'un écouteur, éloigné de deux pas seulement, n'aurait pu rien entendre.

— J'ai conduit mon frère, dit Valentin, ainsi que je le lui avais promis, au campement des émigrants, contre lesquels sa tribu a combattu il a quelques jours.

— Oui, répondit Ahnimiki avec ressentiment, je remercie le chasseur de m'avoir si bien tenu parole. Ces chiens des visages pâles m'ont tué les plus grands braves de ma tribu. Que diraient les *Ciualt* — femmes des guerriers morts — si en rentrant dans mes villages, je ne rapportais pas les chevelures de ceux qui ont tué leurs maris? J'ai vu le camp, c'est vrai, mais mes jeunes hommes ne sont pas des oiseaux, pour planer dans les airs ; il ne suffit pas de dire : voici le camp des visages pâles?

— Que désire donc de plus mon frère ?

— Connaître le sentier qui conduit à ce camp.

— Le Chef Corbeau ne désire pas savoir autre chose?

— Non ; que le chasseur m'indique le sentier ; et les visages pâles sont morts.

Valentin hocha la tête à plusieurs reprises.

— Vous vous trompez, Chef, reprit-il, ce que vous me demandez ne suffit pas pour vous assurer la victoire ; je sais que vos guerriers sont braves, mais les visages pâles sont braves aussi ; de plus ils ont des armes excellentes que vous ne possédez pas.

— C'est vrai, mais mon frère a des petits fusils, dont chacun tue vingt hommes, il a de plus un rifle médecine qui se charge et se décharge tout seul, avec une rapidité extrême ; ce que l'œil de mon frère aperçoit, mon frère l'abat à n'importe quelle distance. Le grand chasseur pâle combattra pour ses amis, et ils seront vainqueurs.

Valentin jeta un regard de satisfaction et d'orgueil sur les revolvers et le fusil Galand que, ainsi que nous l'avons dit, il avait achetés pendant son séjour à la Nouvelle-Orléans au capitaine d'un bâtiment français.

Ces armes admirables, dont le mécanisme est si simple, le tir si juste, et la portée si grande, le rendaient invincible, il le savait, car, quelle que soit la perfection qu'aient atteinte les armes américaines, elles sont encore de beaucoup inférieures à celles de nos grands armuriers français et particulièrement de Galand.

Mais cette supériorité même affligeait le chasseur ; il redoutait de se servir de ces engins destructeurs ; il s'était juré dans son for intérieur, de ne les employer contre ses ennemis que dans des circonstances toutes particulières, et seulement lorsqu'il serait dans l'absolue nécessité de défendre sa vie.

Aussi hocha-t-il de nouveau la tête, et fut-ce avec un mélancolique sourire qu'il répondit à Ahnimiki :

— Mon frère a raison. Le Sachem Araucan et moi, seuls dans la prairie, nous possédons ces armes admirables, mais en ce moment, il ne s'agit pas de tuer quelques guerriers, en laissant échapper les autres ; il faut s'emparer du camp et surprendre les blancs, comme on surprend une couvée de vautours ; mon frère est un

Chef trop sage et trop expérimenté, pour ignorer que souvent on réussit mieux par la ruse que par la force.

— Oah! le chasseur parle bien, sa voix résonne agréablement aux oreilles d'Ahnimiki, sans doute il possède les moyens dont il parle; grâce à lui, les Corbeaux surprendront leurs ennemis.

— Allons, Chef, dit en riant le chasseur, vous me tirez, malgré moi, mon secret du cœur; il y a du plaisir à parler avec un homme qui comprend à demi-mot.

— Le grand chasseur pâle a donc un secret? dit le chef d'une voix insinuante.

— Oui, je voulais vous faire une surprise, Chef.

— Et cette surprise quelle est-elle? le chasseur la révèlera à son ami?

En ce moment le cri du hibou se fit entendre à une assez grande distance, et vint presque mourir aux oreilles des deux hommes.

— Qu'est cela? demanda le Chef en relevant vivement la tête.

— La surprise que je vous ménage.

Et, en même temps, il imita le cri du hibou, avec une perfection telle que tout autre qu'un Peau Rouge s'y serait trompé.

— Bon, reprit Ahnimiki, mon frère a un ami dans le camp des blancs, cet ami veut le voir et il l'appelle.

— Vous avez deviné, Chef.

— Pourquoi mon frère ne va-t-il pas au-devant de son ami?

— Parce que c'est inutile, Chef; c'est lui au contraire qui sera ici dans quelques minutes.

— Oah ! le grand chasseur a vécu si longtemps avec les Indiens, que son cœur est devenu rouge. Il a beaucoup de ruse et de sagesse.

— Merci du compliment, Chef, dit le chasseur en riant; il me plaît d'autant plus qu'il me vient de vous et que vous vous y connaissez. Mais attendez encore un peu, et vous verrez jusqu'à quel point je mérite vos éloges.

— Le grand chasseur pâle était un puissant guerrier dans sa nation, il a pris sans doute de nombreuses chevelures, quand il était jeune?

— Non, Chef, vous vous trompez; les guerriers de mon pays ignorent ce que c'est que le scalp; ils tuent leurs ennemis, mais ils ne leur enlèvent pas la chevelure.

— Bon, les visages pâles sont sages; ils préfèrent attacher leurs ennemis au poteau de torture?

— Pas davantage, Chef; nous tuons et nous blessons nos ennemis, pendant la bataille, mais après le combat, nous ne leur infligeons aucune torture.

— Oah! fit l'Indien, avec une surprise qu'il ne put dissimuler, les visages pâles craignent donc la douleur?

— Tous les hommes redoutent la douleur, Chef, qu'ils soient blancs, jaunes, noirs, ou rouges. Les hommes de ma nation sont aussi braves que vos plus braves guerriers; mais leurs coutumes ne sont pas les vôtres; ils entendent la bravoure d'un façon différente. Votre stoïcisme dans la souffrance, n'est pour eux qu'une marque d'orgueil et de vanité puérile ; j'essayerais vainement de vous donner une explication à ce sujet, vous ne pourriez la comprendre. Du reste, ajouta-t-il en souriant, nous n'avons plus le temps de causer de ces choses ; un entretien plus sérieux nous réclame. Entendez-vous ce bruit dans les broussailles ?

— Ahnimiki l'entend, depuis quelques instants déjà.

— Eh bien, Chef, ce bruit nous annonce l'arrivée de l'ami que nous attendons. Préparez-vous à le recevoir et à lui faire bon accueil.

— Le frère du chasseur pâle est l'ami d'Ahnimiki, répondit le Chef en posant la main droite sur sa poitrine.

Presque au même instant les buissons s'écartèrent et un homme parut.

Cet homme était don Benito Ramirez, ou du moins le personnage qui avait pris ce nom, que d'ailleurs il portait bien.

Dès qu'il aperçut le chasseur et le Chef Corbeau, il s'approcha d'eux sans hésiter, et les salua avec une gracieuse aisance.

— Soyez le bienvenu, señor Ramirez, dit le chasseur en lui tendant la main, nous vous attendons.

— Je serais arrivé plus tôt, dit le jeune homme avec un sourire, mais vous vous souvenez, señor Valentin, que vous m'avez expressément défendu de quitter le camp avant six heures du soir.

— C'est vrai, je reconnais mon tort. Assevez-vous là

près de nous et causons. Avant tout j'ai l'honneur de vous présenter un des Chefs les plus justement célèbres de la prairie; et un de mes meilleurs amis, en ce moment, Ahnimiki, le grand Sachen des Indiens Corbeaux.

Les deux hommes s'inclinèrent l'un devant l'autre, et ils se serrèrent cordialement la main, mais sans échanger une parole.

— Là, maintenant que la présentation est faite dans toutes les règles, revenons à nos affaires, señor Ramirez; vous me permettrez, Chef, de m'entretenir un instant avec mon ami de choses qui me regardent seul, et n'ont, par conséquent, aucun intérêt pour vous.

— Ahnimiki est sourd et aveugle, quand son ami le désire, répondit le chef; quand il plaira au chasseur il appellera son ami.

Il se leva en souriant, alla s'asseoir à quelques pas plus loin et il alluma son calumet qu'il se mit à fumer avec toute la gravité indienne.

Le chasseur, après avoir fait un geste amical au Peau-Rouge, s'adressa de nouveau à Benito Ramirez.

— A nous deux, lui dit-il.

— Je ne demande pas mieux, señor, ne suis-je pas complétement à vos ordres?

— Je sais que vous êtes un brave et noble cœur; je vous aime, et croyez bien que je ne faillirai pas à la promesse que je vous ai faite.

— Oh! il est inutile de revenir là-dessus, señor Valentin, votre parole est là, inscrite dans mon cœur.

— Eh bien, soyez tranquille, avant peu j'espère la

dégager; qu'y a-t-il de nouveau? êtes-vous toujours dans les bonnes grâces du capitaine Kild?

— Mieux que jamais.

— Très-bien; et votre ami Blue-Dewil, en êtes-vous toujours satisfait?

— Toujours; nous sommes dans les meilleurs termes; c'est l'homme le plus singulier que je connaisse, l'esprit le plus excentrique et le cœur le plus dévoué qui existe; vous avez en lui un ami sûr et précieux.

— Allons, je vois que vous l'appréciez comme il le mérite; oui, c'est un ami précieux et qui ne recule devant rien.

— C'est vrai; tout en jouant son rôle avec une perfection telle que parfois je crois qu'il se trompe lui-même, il est infatigable; toujours cherchant, toujours furetant; il est en ce moment lancé sur une nouvelle piste.

— Laquelle donc?

— Tout simplement celle de notre plus cruel ennemi.

— Don Miguel Tadeo de Castel Leon?

— Lui-même.

— Il croit avoir retrouvé ses traces?

— Il l'affirme du moins.

— Viva Dios! ce serait un coup de partie, si c'était vrai; cet homme qui a su se faire si complétement invisible, qui a disparu sans avoir laissé de traces!

— Blue-Dewil prétend que c'est parce que nous cherchons très-loin, ce que nous avons presque sous la main.

— Hein! que voulez-vous dire? s'écria-t-il en tressaillant, je ne vous comprends pas, don Octavio.

— En un mot, cher señor, répondit le chasseur, Blue-Dewil prétend que don Miguel Tadeo que nous supposons, réfugié dans quelque établissement frontière, est tout uniment caché dans le camp même des émigrants.

— Bon! c'est de la folie!

— Hum! je ne partage pas votre opinion. Blue-Dewil est bien fin; il n'est pas homme à se laisser leurrer et à prendre des illusions pour des réalités.

— Je sais cela. Mais sur quoi fait-il reposer cette supposition?

— Sur une foule de petits faits qui, tous insignifiants en apparence et, pris isolément, ne signifient rien, réunis en une masse compacte, forment un corps et prennent tout à coup des proportions énormes. Vous savez que notre ami se prétend, avec raison selon moi, artiste; il prouve, par l'impossible et l'improbable; et je dois convenir qu'il se trompe rarement. Dans le cas présent, il s'est fait ce raisonnement, qui ne manque certes pas d'une certaine logique : Je suis entouré d'ennemis très-fins, très-déliés, qui ont tout intérêt à me découvrir; je n'ai qu'un moyen de leur échapper : c'est de disparaître, de trouver une cachette si bien choisie, que personne ne songe à m'y relancer. Comment obtenir ce résultat, qui est pour moi une question de vie et de mort?

— Oui, comment?

— Le moyen est simple; c'est toujours Blue-Dewil

qui parle ou plutôt raisonne comme, selon lui, a dû raisonner don Miguel Tadeo.

— Oui, oui; c'est convenu, allez.

— Le moyen est simple. Je confie le commandement apparent à un homme dont je suis sûr, dont je tiens l'existence entre mes mains, et qui, par conséquent, a tout intérêt à me servir; puis, cela fait, je me mets dans la peau d'un aventurier quelconque, et je m'engage dans sa troupe, en ayant grand soin de me confondre dans la foule et de n'avoir avec mon remplaçant que le moins de rapports possible, autres que ceux strictement exigés par mon service. Évidemment une combinaison si audacieuse échappera à tous les soupçons; nul ne supposera que j'aie eu la témérité de me cacher dans mon propre camp, d'autant plus que, et je compte là-dessus, un jour ou l'autre, le hasard, qui gouverne le monde, fera à son insu tomber le masque de mon remplaçant, que jusque-là on aura pris pour moi, et sur qui tous les soupçons se seront dirigés; alors le tour sera joué, mes ennemis complétement déroutés, et je déjouerai facilement tous leurs efforts; car, lorsque se voyant aux abois, ils me chercheront très-loin, je serai plus près, et rien ne me sera plus facile que de me débarrasser d'eux une fois pour toutes.

— Ce raisonnement est subtil.

— Trouvez-vous qu'il manque de logique?

— Je ne dis pas cela; cependant, je doute de la réussite.

— Blue-Dewil l'affirme.

— Quelle preuve a-t-il à l'appui ?

— Aucune encore ; mais il répond d'en avoir sous deux jours.

— Il vise donc quelqu'un ?

— Pardieu ! Sans cela, son raisonnement n'aurait ni queue ni tête ?

— C'est juste. De qui s'agit-il ?

— D'un pauvre diable, malingre, débile, qui s'est fait le souffre-douleur de tous les autres aventuriers, qui s'en servent à peu près comme d'un domestique pour lui faire faire tout ce qui leur répugne, sans que jamais il se rebiffe ou se plaigne ; enfin, un de ces êtres inoffensifs qui semblent nés pour servir de jouet à ceux qui les entourent.

— Hum ! Blue-Dewil ne me semble pas avoir eu la main heureuse en cette circonstance.

— Peut-être. Je lui ai fait cette même observation ; il m'a répondu, en riant, que c'était précisément à cause du rôle abject joué par cet homme que ses soupçons s'étaient dirigés sur lui. Il prétend que les grands acteurs étant enclins à exagérer leurs rôles, don Miguel Tadeo avait, malgré lui, tellement chargé le sien, que, sans le vouloir, il l'avait rendu ridicule, et surtout suspect aux yeux d'un homme clairvoyant. Remarquez que cet homme, qui se nomme ou se fait nommer Stilder, est taillé en hercule, et n'a nullement la physionomie d'un imbécile.

— Enfin, qui vivra verra. Blue-Dewil demande deux jours, n'est-ce pas ?

— Deux jours, oui, señor.

— Eh bien, attendons jusque-là. Et doña Rosario, l'avez-vous prévenue, ainsi que vous vous y êtes engagé ?

— Oui, señor ; doña Rosario est prévenue ; elle est au comble de la joie ; le moment venu, elle sera prête.

— Pauvre chère enfant ! Dieu permettra, je l'espère, que nous puissions la sauver.

Et il laissa tomber sa tête sur sa poitrine et sembla s'abîmer dans de tristes et sombres pensées.

VII

LES PRÉPARATIFS D'UNE SURPRISE
(*Suite*)

Presque aussitôt Valentin Guillois releva la tête, et tendant la main à Benito Ramirez :

— Excusez-moi, ami, lui dit-il, de m'être laissé aller à mes pensées devant vous, voilà qui est fini, je les ai refoulées dans mon cœur.

Il se leva et s'approchant du Sachem :

— Mon frère Ahnimiki consent-il à écouter ce que le chasseur blanc a à nous dire? fit-il.

— Mes oreilles sont ouvertes, répondit le Chef.

Il se leva et vint rèprendre sa première place.

— Mon père comprend-il le français? demanda le chasseur au Sachem.

— Ahnimiki est un grand Chef dans sa nation, il comprend toutes les langues des pays sur lesquels son cheval de guerre pose le pied, le chasseur blanc n'a pas une langue fourchue dans sa bouche, qu'il parle la langue des hommes de sa nation, Ahnimiki comprendra, il connaît le Mexique.

Benito Ramirez s'inclina.

— Avant tout, chasseur, dit alors Valentin, donnez-moi un renseignement, je vous prie.

— Lequel, señor?

— Tout à l'heure j'examinais votre camp, il est placé dans une situation excellente; mais, je ne sais si c'est une illusion, il m'a semblé qu'il avait bien peu d'étendue pour le nombre d'hommes qu'il doit renfermer.

Ramirez se mit à rire.

— Diablos! dit-il, vous y voyez clair, señor; il ne serait pas facile de vous tromper; effectivement, notre camp est petit, et cela par une raison toute simple, c'est qu'il n'y a dans ce camp, tout au plus que le tiers de la troupe.

— Comment? que voulez-vous dire?

— C'est une idée à moi, et je vous avoue, señor, que je la trouve bonne.

— Expliquez-vous?

— Mon Dieu, la chose est toute simple, qu'est-ce qui vous importe surtout, c'est de sauver doña Rosario, n'est-ce pas?

— Sans doute, dit Valentin en jetant un regard de côté sur le Chef Corbeau.

— Que veut dire doña Rosario? demanda le Chef, je ne comprends pas.

Valentin le regarda en face.

Le visage du Sachem demeura impassible.

— Hum! hum! grommela le chasseur à part lui, voilà un gaillard qui me semble jouer un double jeu; et s'adressant au Sachem : Je vous expliquerai cela, Chef, dit-il.

— Bon, fit l'Indien.

— N'oubliez pas, reprit Valentin en s'adressant à Ramirez, n'oubliez pas que ce Kild est un démon, un véritable fléau pour la prairie; enfin un bandit de sac et de corde, auquel il importe d'infliger un châtiment exemplaire...

— Oh! je suis parfaitement de votre avis, señor Valentin; mais ce coquin ne saurait nous occuper exclusivement, il ne peut nous échapper un jour ou l'autre. Je crois donc, quoi que vous en disiez, et malgré tout le respect que je vous dois, qu'il est surtout important de songer à sauver...

— Sauver les marchandises précieuses renfermées dans le camp, interrompit vivement Valentin avec intention.

— Précisément, de sauver les marchandises précieuses...

— Très-important, dit le Sachem en baissant affirmativement la tête,

— Et j'ai agi dans ce but, ajouta le chasseur.

— Allons, allons, très-bien, dit Valentin en riant, chacun prêche pour son saint; vous avez bien raison et je ne vous blâme pas; voyons donc ce plan mirifique.

— Oui, voyons le plan; appuya l'Indien, qui ne comprenait rien à toutes ces paroles à double entente, mais qui, dans son esprit, poursuivait obstinément son but.

— Je vous répète, señor Valentin, qu'il est d'une simplicité biblique.

— C'est possible, mais je vous avoue aussi, moi, que les choses qui sont si simples que cela, m'inspirent généralement une sainte terreur; ceci n'empêche pas votre explication. Vous disiez donc?

— Voici l'affaire en deux mots: vous savez le système que j'ai adopté avec le capitaine Kild, la brusquerie jusqu'à la brutalité, la liberté entière.

— Oui, oui, je crois me rappeler que vous m'avez parlé en effet de quelque chose comme cela; continuez.

— Il y a quelques jours, j'avais planté déjà un premier jalon de ce projet; ce matin je suis revenu à la charge et j'ai réussi à lui persuader qu'il valait beaucoup mieux pour lui, afin d'éviter certains dangers qui, je l'avoue, n'existent que dans mon imagination, faire prendre aux femmes qu'il a dans son camp un chemin de traverse, dans lequel les chevaux ne peuvent s'engager; chemin difficile, périlleux même dans certains endroits, mais qui lui ferait gagner beaucoup de temps, et raccourcirait de près de huit jours le chemin qui lui reste à faire pour atteindre le Saut de l'Élan, sur la rivière Jourdan.

— Mais il n'existe aucun chemin de traverse ou autre, qui raccourcisse autant le chemin! s'écria Valentin en riant.

— Je le sais parfaitement, señor; mais j'avais mon idée, répondit le jeune homme sur le même ton.

— A la bonne heure, je comprends ; continuez.

— Trop de paroles, dit l'Indien d'un air contrarié, visage pâle, trop, beaucoup bavard.

Les deux chasseurs se mirent à rire de l'impatience de leur compagnon, et Ramirez continua sans tenir le moindre compte de la réflexion tant soit peu brutale du Chef des Indiens Corbeaux :

— Le capitaine Kild admit ma proposition, seulement il la modifia à son idée. Voici le plan qu'il adopta, et je dois à la vérité de reconnaître qu'il est fort bien conçu. Puisque les femmes peuvent passer par ce sentier, dit-il, les hommes y peuvent passer aussi. Seulement pour éviter un encombrement, les femmes passeront d'abord, et à quelques heures de distance les hommes prendront la même route. Ce qui fut dit, fut fait. Les femmes se mirent en route ; c'est leur camp, que vous avez aperçu tout à l'heure ; le capitaine Kild a suivi à distance ; il est campé à trois lieues et demie plus bas ; voilà !

— C'est assez ingénieux, dit Valentin Guillois en riant ; seulement je ne reconnais pas la prudence habituelle du capitaine Kild.

— Pourquoi cela, señor ?

— Mais il me semble que cela saute aux yeux ; comment, il partage sa troupe en deux parties et c'est la plus faible qu'il met en avant ; de plus, il campe, lui personnellement, à trois lieues et demie de cette première troupe, c'est-à-dire hors de portée de la défendre en cas d'attaque !

— Il m'est facile de répondre à vos deux objections.

señor : quand il a envoyé les femmes en avant, c'est qu'il espérait les rejoindre ; s'il ne l'a pas fait, c'est que le temps lui a manqué, et qu'il n'a pas osé s'avancer plus loin dans les ténèbres ; d'ailleurs, comme depuis la tentative de surprise, faite par les guerriers du grand Sachem Ahnimiki, le capitaine Kild n'a plus été inquiété, qu'il n'a plus aperçu un Peau-Rouge, et que les nombreux éclaireurs que chaque jour il charge de battre la campagne n'ont jamais rien aperçu de suspect, le digne capitaine est dans une sécurité profonde, et positivement convaincu que personne ne s'occupe plus de lui ; du reste j'ai soin de le maintenir dans cette bonne opinion ; il résulte donc de tout cela, que le capitaine Kild ne redoute aucune attaque.

— Combien se trouve-t-il de guerriers blancs dans le camp dont parle mon frère ? demanda l'Indien qui suivait toujours sa pensée.

— Celui où je me trouve, moi?

— Oui.

— Une quarantaine environ ; mais je dois vous avertir que ce sont les plus braves de la troupe ; de véritables démons, et que si vous ne les prenez pas par surprise, vous aurez un rude écheveau à démêler avec eux.

— Mon frère le chasseur blanc, nous indiquera le chemin qu'il faut suivre et nous les surprendrons.

— C'est précisément pour cela que je suis venu vous trouver, chef.

— Ainsi vous êtes d'avis d'une attaque immédiate?

— Cette nuit même, oui, señor, et voici pourquoi ; cette

nuit, la troupe du capitaine Kild est séparée en deux, ce qui rend notre tâche beaucoup plus facile.

—Bonne parole, jeune tête, vieille sagesse, dit l'Indien.

— Demain, le capitaine Kild réunira sa troupe en une seule, et ne la partagera plus en deux comme il a fait aujourd'hui ; il en a trop bien reconnu les inconvénients ; alors quand nous l'attaquerons, ce ne seront plus quarante hommes seulement que nous aurons à combattre, mais quatre-vingts ; cette dernière raison mérite je crois considération.

— En effet, ce que vous dites est parfaitement juste et je l'approuve ; mais dans une expédition aussi sérieuse, nous ne devons rien faire à la légère ; ce qu'il nous faut surtout, c'est de la prudence et de l'adresse ; un échec compromettrait tout ; nous devons combiner nos moyens de façon à rendre le succès infaillible.

— Mon frère le Chercheur-de-Pistes parle bien ; c'est un grand guerrier ; il est sage, il nous conseillera.

— Tenons donc un conseil alors.

Ahnimiki s'inclina.

— Tenons un conseil, dit-il.

— Soit, mon avis est que nous devons attaquer ; nous avons donc tous trois la même pensée ; seulement peut-être varions-nous sur les moyens d'exécution à employer ; c'est sur ces moyens surtout qu'il est important de bien nous entendre, si nous voulons réussir ; que mon frère le Sachem expose le plan qu'il a conçu, ses frères pâles écoutent.

Le Sachem hocha la tête à deux ou trois reprises,

fuma pendant deux ou trois minutes son calumet qu'il avait allumé, puis le passant à Valentin :

— Le Chercheur-de-Pistes est l'ami des Peaux-Rouges, dit-il, cette guerre n'est pas la sienne ; il n'a pas d'injures à venger ; il combat pour aider ses frères rouges, par son courage, comme *Grand Brave* et par sa sagesse au feu du conseil ; Ahnimiki est le premier Sachem de sa nation, il a à venger la mort de ses guerriers tués par ce chien voleur des visages pâles ; une peau est étendue sur son cœur, les paroles que soufflerait sa poitrine seraient malgré lui des paroles de haine et de colère ; la haine est mauvaise conseillère ; elle aveugle les hommes les plus clairvoyants ; le Chef n'a pas conçu de plan ; il ne peut en concevoir un bon, parce que ce plan serait l'œuvre de sa haine ; il ne parlera pas ; c'est au grand chasseur des visages pâles, seul, qu'il appartient de donner son opinion, parce que cette opinion étant exempte de tout autre sentiment que celui de la justice, sera bonne ; le Chercheur-de-Pistes a le regard perçant de l'aigle, le courage de l'ours gris et la prudence de l'oppossum ; qu'il parle, le Sachem obéira et dira : c'est bon. J'ai dit.

— Et vous, señor Ramirez ; que pensez-vous que nous devions faire?

— Señor Valentin, le Sachem a parlé avec une grande sagesse ; je partage entièrement son opinion, dites-nous ce qu'il faut faire, nous obéirons.

Le chasseur se recueillit un instant, puis après avoir rendu le calumet au Chef Corbeau, il prit la parole :

— Eh bien! dit-il, je parlerai donc puisque tous deux le désirez.

Les deux hommes inclinèrent affirmativement la tête.

— Je crois, Chef, continua Valentin, qu'il est important que vous laissiez reposer vos guerriers jusqu'à minuit ; ils auront ainsi dormi six heures et se réveilleront frais, dispos et en état de combattre vaillamment. D'un autre côté, j'ai remarqué depuis longtemps que c'est dans la seconde partie de la nuit, vers deux heures du matin, que le sommeil est le plus profond, et rend ainsi les surprises plus faciles ; c'est donc à deux heures seulement, que nous devons tenter notre coup de main.

— Hug! dit le chef avec satisfaction.

— A minuit, continua Valentin, on éveillera les guerriers, ils se lèveront, se glisseront silencieusement dans les halliers, en rampant comme des serpents jusqu'aux approches du camp des visages pâles; puis au signal que vous donnerez, ils s'introduiront dans le camp de tous les côtés à la fois ; je vous assure que s'ils savent s'y prendre, ils auront facilement raison d'hommes ainsi surpris au milieu de leur sommeil.

— Bon! mon frère parle bien ; ce qu'il dit est juste. Mais quel chemin prendront les guerriers Peaux-Rouges pour s'approcher du camp des visages pâles? Le grand chasseur blanc a oublié d'en instruire son frère.

— Non pas, je ne l'ai point oublié, répondit Valentin avec un sourire équivoque, mais avant de vous faire cette révélation, il faut que nous convenions bien de nos faits, Chef; j'ai une demande à vous adresser et une promesse à obtenir de vous.

— Que mon frère s'explique; Ahnimiki l'aime, et s'il le peut, il fera ce qu'il désire.

— Je l'espère, Chef.

— Mais pourquoi, reprit l'Indien, mon frère le chasseur a-t-il attendu si longtemps pour adresser cette demande à son ami?

— Pourquoi? je vais vous le dire, Chef. Parce que j'ai tenu avant tout à vous prouver que j'agis avec vous franchement, que je n'ai pas l'intention de vous tromper, et que vous pouvez compter sur moi.

— Je n'ai jamais douté de mon frère; il ne saurait donner sa parole en vain, comme une vieille femme bavarde, ou un Yankee; j'attends que mon frère s'explique.

— Eh bien, Chef, sans de plus longues phrases, je vous dirai qu'il me répugne de faire la guerre aux femmes qui sont des êtres faibles et ne peuvent se défendre; la femme, quelles que soient sa nation et sa couleur, ne saurait être considérée par les guerriers comme un ennemi; les guerriers braves doivent tuer les hommes, respecter et protéger les femmes; en deux mots je désire que vous me promettiez sur votre *Totem*, le grand Calumet sacré de votre nation, et par l'alliance que nous avons contractée l'un avec l'autre, que toutes les femmes qui se trouvent dans le camp des visages pâles, seront non-seulement épargnées, mises à l'abri de toute insulte, mais encore seront placées sous ma protection spéciale, et que seul j'aurai le droit de disposer de leur sort ; à cette condition j'aiderai mon frère de tout mon pouvoir et je le laisserai disposer de toutes les richesses que renferme le camp.

— Mon frère demande beaucoup ; les Corbeaux ont besoin d'esclaves; les femmes pâles savent préparer la nourriture aux guerriers.

— C'est possible, Chef, mais quant à celles-là, non-seulement elles ne seront pas esclaves et ne prépareront aucune nourriture à vos guerriers ; mais encore elles seront remises entre mes mains ; je vous avertis que lorsque ma résolution est prise, elle est immuable ; ainsi c'est à prendre ou à laisser. Que voulez-vous faire?

— A cette condition, mon frère, le grand chasseur pâle, enseignera les *sentes* qui conduisent au camp des visages pâles?

— Je vous en donne ma parole, Chef.

— Oah! c'est bon; Ahnimiki aime le chasseur, pourquoi un nuage s'élèverait-il entre deux grands guerriers pour des femmes? Ce que désire mon frère, Ahnimiki le fera. Il le promet sur son Totem et sur le Calumet sacré de sa nation.

— Merci, Chef, j'ai votre parole et je la garde; je sais que vous n'y manquerez pas. Maintenant, écoutez-moi avec attention : trois sentiers conduisent au camp des émigrants. Deux partent des hauteurs, le troisième est le sentier même que ces émigrants ont suivi pour atteindre l'endroit où ils se sont arrêtés pour passer la nuit. Voici donc ce que je propose à mon frère le Chef des Corbeaux : le Sachem divisera ses guerriers en trois troupes : les deux premières seront de trente guerriers chacune ; la troisième en comptera quarante. Celle-là, comme étant la plus nombreuse, suivra le sentier du bas, afin de couper la retraite aux blancs et empêcher ceux de leurs amis qui, ainsi que l'a dit le señor Ramirez, sont campés à deux ou trois lieues d'ici, de leur porter secours. De quelle troupe le chef veut-il prendre le commandement ?

— Le poste le plus périlleux revient de droit à Ahnimiki, il suivra le sentier du bas.

— Soit, reprit Valentin, ce poste appartient à mon frère ; à présent je vais lui apprendre pourquoi l'attaque ne peut avoir lieu avant deux heures du matin.

— Les oreilles du Chef sont ouvertes.

— Parce que, à un quart de lieue d'ici, campés dans la montagne, se trouvent une quarantaine de chasseurs et trappeurs blancs qui se sont volontairement placés sous mes ordres ; ces chasseurs, je dois les avertir ; ils aideront à l'exécution de notre surprise ; ce qui vous permettra, Chef, de renforcer votre troupe en prenant avec vous cinquante guerriers au lieu de quarante. A deux heures après minuit, le cri du hibou répété deux fois donnera le signal de l'attaque. Si l'un des détachements ne répondait pas à l'appel, c'est qu'il serait survenu un empêchement quelconque, et l'attaque serait provisoirement suspendue. Tout cela vous convient-il ainsi, Chef ?

— La sagesse parle par la bouche de mon frère, les paroles que souffle sa poitrine sont entrées profondément dans l'esprit d'Ahnimiki ; le Chef se souviendra, il donnera à ses guerriers l'exemple de l'obéissance.

— Eh bien, puisque tout est convenu avec mon frère, et que lui et moi nous nous entendons, il est temps de nous séparer ; nous n'avons pas un instant à perdre pour être en mesure d'agir à l'heure dite. Curumilla, le grand Chef Araucan, indiquera à mon frère le sentier qu'il doit suivre pour gagner son poste sur le sentier du bas ; cela fait, le Chef priera mon frère Curumilla de revenir près de moi, j'ai besoin de m'entretenir avec lui ; d'ailleurs, il servira de guide à ceux de ses guerriers que le Sachem choisira pour suivre le señor Ramirez et moi-même ; Curumilla les conduira ici où nous les attendrons.

— Oah ! mon frère le chasseur pâle a toujours raison ; Ahnimiki retourne au campement ; dans deux heures, les guerriers promis par le Chef seront ici, conduits par le grand Sachem Aucas.

L'Indien se leva alors, salua gracieusement les deux hommes et, se glissant comme un serpent au milieu des halliers et des broussailles, il disparut presque aussitôt à leurs regards.

Valentin et Ramirez demeurèrent un instant silencieux l'un près de l'autre.

Cependant, au bout de quelques minutes, ils se levèrent et s'éloignèrent dans une direction opposée à celle qu'avait prise le Chef Corbeau.

Ils atteignirent bientôt une espèce de carrefour, si l'on peut donner ce nom à un espace de terrain assez médiocre entièrement dépourvu d'arbres, où venaient aboutir et pour ainsi dire s'enchevêtrer les unes dans les autres plusieurs sentes de bêtes fauves, et au milieu desquelles, en y regardant d'un peu près et avec attention, il aurait été facile de reconnaître les traces du passage récent d'un assez grand nombre d'hommes.

— C'est ici qué nous nous séparons, mon cher don Octavio, dit Valentin en pressant affectueusement la main du jeune Mexicain; vous, pour retourner au camp du digne capitaine Kild, afin de veiller à ce que rien ne vienne entraver nos projets; moi, pour aller prévenir mes compagnons, dont le bivouac est installé à quelques centaines de pas d'ici, dans la montagne. Du reste, avant deux heures je serai de retour.

— Vous me retrouverez à cette place, señor don Valentin, prêt à exécuter vos ordres.

— C'est convenu, mon ami; à bientôt.

Valentin Guillois fit quelques pas pour s'éloigner; mais soudain il s'arrêta, sembla hésiter pendant un moment, puis il revint vivement vers Ramirez.

— A propos, lui dit-il, j'oubliais de vous avertir que malgré le serment que m'a fait le Sachem sur son Totem et le Calumet sacré de sa nation, je n'ai qu'une très-médiocre confiance dans la loyauté de nos alliés Peaux-Rouges. Les Corbeaux sont des Indiens pillards qui haïssent les blancs; ils pourraient fort bien profiter de cette occasion pour nous jouer quelque tour.

— Caraï! s'écria Benito Ramirez en tressaillant, les croyez-vous donc capables d'une telle trahison?

— Je ne dirais ni oui ni non; de plus, quoique le secret ait été bien gardé, j'ai une peur effroyable que ce démon d'Ahnimiki, qui est fin et retors comme un serpent, n'ait quelque soupçon de me devoir la défaite qu'il a éprouvée lors de son attaque contre le camp des émigrants.

— Le croyez-vous?

— Je ne sais que penser; mais qu'il sache ou non à quoi s'en tenir à ce sujet, cela ne m'inquiète pas; je suis convaincu qu'il n'osera rien tenter ostensiblement contre moi, il sait trop bien qu'il ne serait pas le plus fort; cependant il est possible qu'il ne résiste pas au plaisir de me jouer un mauvais tour, si l'occasion lui en était offerte de façon à ce qu'il puisse se disculper de toute participation, si je me plaignais; en somme, je crois que, dans tous les cas, nous ferons bien de prendre nos précautions.

— Mais quelles précautions? Je ne vois pas trop...

— Parce que vous ne vous donnez pas la peine de réfléchir, mon ami, interrompit Valentin; ne vous ai-je pas dit que j'avais avec moi une quarantaine d'amis, chasseurs et trappeurs, sur lesquels je puis compter.

— C'est vrai, vous me l'avez dit, señor.

— Eh bien, je partagerai ma troupe en deux; c'est-à-dire que je vous confierai une vingtaine de mes chasseurs auxquels j'aurai soin de donner des ordres particuliers; si vous aperceviez parmi nos alliés quelque hésitation suspecte, grâce à ces braves gens, dont chacun vaut quatre Peaux-Rouges, il vous serait facile de maintenir les guerriers Corbeaux; et même, le cas échéant, de les mettre à la raison.

— Cette idée est excellente, querido señor, s'écria-t-il avec joie, je vois que vous pensez à tout.

— Eh! mon ami, fit-il, avec bonhomie, n'est-ce pas mon devoir? soutenu ainsi par vingt hommes résolus et de votre couleur, vous n'aurez plus rien à redouter. Les Indiens comprendront que toute trahison est impossible et agiront en conséquence; vous voyez que c'est très-simple.

— Très-simple en effet, señor, dit en riant le chasseur, mais encore fallait-il y songer.

— Maintenant je vous laisse, reprit Valentin Guillois; dans deux heures, ainsi que nous en sommes convenus, nous nous retrouverons ici.

— J'aurai garde d'y manquer; au revoir, señor Valentin...

Les deux hommes se serrèrent la main, et cette fois, ils se séparèrent définitivement.

Benito Ramirez, nous continuerons, quant à présent, à lui donner ce nom, Benito Ramirez réussit à se glisser dans le camp des émigrants sans être aperçu des sentinelles, qui, d'ailleurs fatiguées de la longue traite de la journée, et croyant n'avoir aucun danger à redouter, n'exerçaient pas une sérieuse surveillance et dormaient, pour ainsi dire, les yeux ouverts.

La plus complète tranquillité régnait dans le camp;

les émigrants, roulés dans leurs couvertures et couchés devant les feux à demi éteints, étaient plongés dans un profond sommeil.

Deux heures s'écoulèrent sans que nul incident, de quelque nature que ce fût, ne vint troubler le silence du campement.

Benito Ramirez, qui s'était étendu au pied d'un épais buisson de groseillers sauvages, réussit à s'éloigner sans attirer l'attention.

Il ne lui fallut qu'une vingtaine de minutes pour atteindre l'espèce de carrefour, dont nous avons parlé, et au centre duquel Valentin lui avait donné rendez-vous.

Le chasseur, toujours actif, l'avait devancé; depuis près d'un quart d'heure, il était arrivé avec sa troupe, et attendait.

Les signaux de reconnaissance furent faits; Benito Ramirez pénétra dans le carrefour.

Les chasseurs étaient groupés autour de Valentin Guillois; ils semblaient écouter avec attention les instructions que celui-ci leur donnait; mais en apercevant Benito Ramirez, il se tut et s'avançant vivement vers le jeune homme :

— Compagnons, dit-il aux chasseurs, voici l'homme dont je vous ai parlé, quelques-uns de vous le connaissent déjà et savent ce qu'il vaut; je vous le recommande fortement, il est aussi brave, aussi dévoué que n'importe lequel de nous. Si nous réussissons cette nuit à délivrer doña Rosario, c'est à son courage et à son intelligence que nous le devrons. Je prie donc ceux de vous que je placerai provisoirement sous ses ordres de lui obéir comme ils m'obéiraient à moi-même. Et maintenant à l'œuvre : Belhumeur, mon camarade, vous voudrez bien choisir, je vous prie, dix-neuf de nos compagnons, qui avec vous se joindront à la troupe du señor Benito Ramirez. Je vous ai fait part de mes craintes au sujet de nos alliés; je ne veux rien préjuger; cependant comme, ainsi que vous le savez, les Indiens Corbeaux sont des féroces pillards, je dois le dire, et qu'il est important qu'ils ne déshonorent pas notre victoire par des cruautés indignes de gens de cœur comme nous sommes, je vous recommande la plus grande prudence; et surtout pendant le combat que nous allons livrer, de veiller, non-seulement à ce que nos amis Peaux-Rouges ne nous trahissent pas, mais encore à ce qu'ils ne manquent pas à la parole que leur chef m'a donnée en leur nom, d'épargner les femmes; souvenez-vous que quoi qu'il arrive, les femmes doivent être efficacement protégées, et mises à l'abri de toute insulte; vous m'avez bien compris?

— Parfaitement, répondit Belhumeur au nom de ses camarades.

— C'est bien, il ne nous reste plus maintenant qu'à faire bravement notre devoir, Dieu qui connaît nos intentions, et qui sans doute les approuve, combattra pour nous, je l'espère! Qu'y a-t-il de nouveau, señor don Benito Ramirez?

— Rien, señor; répondit le jeune Mexicain avec un

sourire d'une expression assez équivoque ; les émigrants du capitaine Kild, continua-t-il avec intention, dorment comme s'ils ne devaient jamais se réveiller.

— C'est probablement ce qui leur pend au nez, dit Belhumeur avec un sourire narquois ; nous tâcherons de ne pas vous faire mentir, señor.

En ce moment on entendit un léger bruissement dans les broussailles, et presque aussitôt Curumilla parut.

— Quelles nouvelles apporte mon frère ? lui demanda Valentin.

— Les guerriers Corbeaux sont là ; ils attendent à la chute du torrent.

— Combien en avez-vous amenés, chef ?

— Trente, répondit-il en souriant à sa manière, c'est-à-dire en faisant une atroce grimace ; Curumilla a pensé qu'il était inutile d'en amener davantage ; le capitaine Kild peut venir de ce côté ; assez de guerriers.

— Je le pense comme vous, chef ; si avec soixante-dix hommes résolus Ahnimiki ne parvient pas à arrêter les bandits qui tenteraient une diversion pour protéger les leurs, il y mettra de la mauvaise volonté, ou les guerriers qu'il commande ne sont que des femmes bavardes.

Et se tournant vers ses compagnons :

— Le Chef a eu une excellente idée, ajouta-t-il, de n'amener qu'un si petit nombre d'Indiens avec lui. Du reste, la facilité avec laquelle Ahnimiki a consenti à la demande du Chef, dissipe tous mes doutes. Il est maintenant évident pour moi que les Corbeaux jouent franc jeu, et qu'ils ne nourrissent contre nous aucune pensée de trahison.

— En effet, répondit Belhumeur, s'il en était autrement, le Chef n'aurait pas consenti à envoyer un aussi faible détachement. Mais est-ce que vingt Indiens seulement seront engagés dans le combat ?

— Non pas, ils seront quatre-vingts, ceux-ci ne forment que le premier détachement commandé par le señor Ramirez ; allons, allons, tout va mieux que je ne l'espérais, hâtez-vous d'aller chercher vos hommes, nous n'avons pas un instant à perdre, amenez-les au fur et à mesure ici, nous formerons les détachements et nous nous mettrons en route.

Curumilla sourit d'un air de bonne humeur et s'éloigna.

Son absence fut de courte durée.

Après quelques minutes les guerriers apparurent.

C'étaient des hommes d'élite ; aux traits durs, à l'air sombre ; tous portaient le signe distinctif des grands braves, c'est-à-dire de nombreuses queues de loup attachées à leurs talons, mais, lorsqu'ils combattaient à pied, comme en ce moment, elles étaient retenues le long des jambes par des courroies de cuir.

La moitié de ces guerriers étaient armés de ces fusils de fabrique américaine, dont les trafiquants nomades des États-Unis inondent les prairies, armes fort mal conditionnées ; beaucoup plus à redouter pour ceux qui s'en servent que pour ceux contre qui on les dirige.

Les autres avaient la lance, l'arc et le tomahawk.

Valentin Guillois, après avoir soigneusement examiné les guerriers, les salua gracieusement et les plaça sous les ordres de don Benito Ramirez.

Quelques minutes plus tard, vingt autres guerriers, tous armés de fusils, arrivèrent conduits par Curumilla et vinrent d'eux-mêmes se ranger derrière Valentin Guillois.

Le Chercheur de Pistes choisit alors dix chasseurs parmi ceux qui lui restaient, et les confiant à Curumilla :

— Que mon frère se rende auprès du Sachem des Corbeaux, lui dit-il, et qu'il place ces guerriers des visages-pâles sous ses ordres. Curumilla demeurera près du Sachem.

Curumilla s'inclina sans répondre, et s'éloigna suivi par les dix chasseurs.

Puis, sans plus longue conversation, les deux troupes restées dans le défilé se séparèrent.

Celle de Valentin avait le plus de chemin à faire; il lui fallait tourner le camp, en se glissant par une sente presque impraticable, et gagner la route par laquelle s'avançaient les émigrants afin de leur barrer le passage en avant, tandis que le Sachem des Corbeaux avec cinquante guerriers et dix chasseurs leur barrerait le passage en arrière.

Cette manœuvre fort simple en apparence était en réalité très-difficile à exécuter.

Cependant à force de patience, d'adresse, et surtout de courage, Valentin réussit à faire descendre à ses compagnons un ravin presque impraticable, et à s'établir solidement sur la sente sans qu'aucun bruit suspect n'eût dénoncé leur présence.

Par son ordre les guerriers, aidés par les chasseurs, amoncelèrent des arbres morts et des quartiers de roche, de façon à former ainsi une barricade qui interceptait toute la largeur de la route.

Le plan de Valentin était fort simple et d'une exécution très-facile. Voici pourquoi :

Benito Ramirez avait fait établir le camp sur une espèce d'esplanade, comme on en rencontre si souvent dans ces parages, esplanade formée par un immense rocher saillant, au-dessus d'un précipice d'au moins huit cents mètres ; derrière était la montagne dont les pentes abruptes paraissaient infranchissables.

A droite et à gauche s'étendait le sentier, courant en zigzags sur les flancs escarpés de la cordillière.

La situation des émigrants était donc des plus critiques, puisque devant eux, ils avaient la troupe de Valentin Guillois, solidement retranchée ; derrière eux celle du Chef Corbeau ; et au-dessus d'eux, sur les flancs de la montagne, seul endroit par lequel ils pouvaient tenter de s'échapper, Benito Ramirez se tenait en embuscade.

Après s'être assuré, d'un coup d'œil, que ses ordres avaient été ponctuellement exécutés, Valentin, à trois reprises différentes, imita le cri du hibou.

Presque aussitôt le même signal fut répété derrière le camp et sur la montagne.

— Bon ! murmura Valentin, nos amis sont à leurs postes ! Attention, compagnons !

Et laissant dix Indiens armés de fusils et deux chasseurs à la garde de la barricade, il se mit à la tête du reste de la troupe, et lui et ses hommes commencèrent à ramper dans l'ombre comme des serpents en se rapprochant insensiblement de ceux qu'ils voulaient surprendre.

La même manœuvre était, en même temps, exécutée par Benito Ramirez et Ahnimiki.

Tout à coup, sur un ordre de Valentin Guillois, Peaux-Rouges et chasseurs se relevèrent, jetèrent au vent leur horrible cri de guerre, et bondirent comme une meute de tigres à la curée par-dessus les ballots qui formaient la clôture du camp des émigrants.

VIII

LA PRISE DU CAMP

Nous reviendrons maintenant au capitaine Kild, l'homme aux lunettes vertes, que nous avons négligé depuis trop longtemps, et qui avait en ce moment le privilége d'exciter un si vif intérêt parmi les nomades de la prairie.

Le capitaine Kild était, nous l'avons dit déjà, la méfiance incarnée.

Un seul homme avait réussi à lui inspirer une certaine confiance.

Cet homme était Benito Ramirez.

Et, bien souvent, dans son for intérieur, le digne capitaine se reprochait cette faiblesse qu'il éprouvait, il ne savait trop pourquoi, pour le chasseur, et se promettait de surveiller attentivement tous ses actes.

Il est vrai qu'il n'en faisait rien ; mais le doute était en germe dans son esprit, et pour un homme de son espèce, du doute au soupçon, il n'y avait qu'un pas.

Lorsqu'un matin, il avait demandé à son guide de

lui faire quitter au plus vite les régions élevées des montagnes Rocheuses, et que celui-ci lui avait proposé de le conduire par un chemin, presque impraticable à la vérité, mais qui devait, en quatre jours au plus, lui faire atteindre les plaines, il avait accepté cette proposition avec la joie la plus vive.

Mais peu à peu, et au fur et à mesure que Benito Ramirez entrait dans les détails circonstanciés du plan qu'il avait conçu, l'enthousiasme du capitaine se calmait, il réfléchissait, et modifiait dans son esprit le projet qui lui était soumis.

Voilà pourquoi, au lieu d'accepter complétement, comme le Mexicain s'y attendait, le projet que celui-ci avait conçu, il avait dressé un plan à côté, et malgré quelques observations de Benito Ramirez, qui n'osait pas trop s'avancer, et pour cause, il s'était obstiné dans son exécution.

Trente hommes soigneusement triés et choisis, placés sous les ordres immédiats de Blue-Dewil, avaient été chargés d'escorter les femmes et les enfants, et de marcher en avant.

Lingot, à peu près remis de ses blessures, avait été adjoint à Blue-Dewil, plutôt pour le surveiller que pour tout autre motif.

Trois jours plus tard, le lieutenant et sa troupe s'étaient mis en marche à huit heures du matin, guidés par Benito Ramirez; puis, vers quatre heures du soir, lorsque cette troupe avait été solidement établie, à l'endroit où nous l'avons vue, Benito Ramirez était retourné sur ses pas afin de rejoindre le capitaine Kild.

D'après les conventions faites entre le capitaine et le guide, le premier ne devait quitter son camp que le lendemain, afin de laisser à la troupe expédiée en avant toutes facilités pour traverser le passage dangereux du chemin.

Ce n'était pas en avant que le capitaine Kild, redoutait une attaque, mais en arrière, où tous ses ennemis, pensait-il, étaient restés; il avait donc voulu commander l'arrière-garde, et se tenir assez éloigné de sa caravane pour que, s'il était attaqué, les femmes et les enfants ne fussent pas exposés à tomber entre les mains de l'ennemi.

En somme ces femmes et ces enfants étaient la plus précieuse marchandise du digne capitaine.

La surprise de Benito Ramirez fut grande, lorsqu'à deux lieues à peine de la première troupe, il rencontra à l'improviste le campement que le capitaine venait d'établir. Il avait exécuté son plan à lui, et s'était rapproché, afin de pouvoir, à la plus légère alerte, rejoindre son avant-garde.

Bien que le Mexicain fût intérieurement très-vexé que le capitaine lui eût manqué de parole, ce qui pouvait faire avorter ses projets, il se garda bien de laisser voir son mécontentement, et lorsque le capitaine lui dit d'un air goguenard :

— Vous ne comptiez pas me rencontrer par ici, n'est-pas, cher señor?

Il lui répondit du ton le plus délibéré :

— C'est vrai, capitaine, mais, sur ma foi, je vous avoue que je suis très-heureux de vous y voir.

— Comment, vrai? fit Kild, en lui lançant un regard inquisiteur par-dessus ses lunettes.

— Mais certainement, capitaine.

— Eh! eh! fit Kild, expliquez-moi donc pourquoi?

— Mon Dieu, capitaine, pour une raison toute simple. J'ai réfléchi que, dans le désert, on est surtout menacé des dangers les plus improbables, et que par conséquent on ne saurait prendre trop de précautions.

— Parfaitement raisonné; continuez, mon cher, reprit le capitaine toujours railleur; et alors vous vous êtes dit?...

— Et alors je me suis dit, capitaine, que vous commettiez une lourde faute en demeurant aussi en arrière de votre troupe, et qu'il était important que vous la rejoigniez au plus vite; voilà pourquoi je me hâtais de me rendre près de vous, afin de vous engager à vous rapprocher promptement.

— Eh bien, voyez comme c'est heureux, reprit le capitaine, à peine étiez-vous parti ce matin, que la même pensée m'est venue. Vous le savez, je suis, avant tout, homme d'exécution; aussi à peine cette pensée eut-elle germé dans mon esprit que j'ai levé le camp.

— Vous avez eu parfaitement raison, capitaine.

— Ainsi, vous approuvez ce que j'ai fait?

— Il faudrait que je fusse fou, pour ne pas l'approuver, capitaine!

— Eh bien, vrai, cela me fait plaisir, dit-il en ricanant, je craignais que cela ne vous contrariât.

— Comment avez-vous pu supposer cela, capitaine !

— Eh ! mon Dieu, on voit des choses si singulières en ce monde, et vous, señor Benito Ramirez, vous êtes si absolu dans vos volontés que je ne sais jamais comment agir avec vous ; enfin n'en parlons plus, voulez-vous partager mon dîner ?

— Cela m'est impossible, capitaine.

— Pourquoi cela ?

— Vous oubliez nos conventions, capitaine.

— C'est vrai, c'est vrai ; pardonnez-moi, mettons que je n'ai rien dit.

— Non pas, je ne veux pas que vous puissiez supposer que je vous garde rancune.

— Oh ! qui suppose cela ?

— Eh ! mon Dieu, capitaine, malgré l'amitié que vous me témoignez, je vous l'avoue, je redoute toujours d'encourir vos reproches.

— Bon, dit Kild, nous nous faisons une confession mutuelle.

— Non pas, seulement je tiens à ce que vous compreniez bien mes intentions.

— Oh ! je les comprends parfaitement.

— Peut-être ! ainsi, en ce moment, je suis très-inquiet. J'ai pris la direction du mouvement que nous opérons ; naturellement la responsabilité en doit peser sur moi seul ; or, comme je ne veux pas que par ma faute, ou par ma négligence, il arrive malheur à la caravane, je refuse votre dîner, afin de battre l'estrade autour du camp, et m'assurer par moi-même que nous n'avons aucune surprise à redouter de la part des Peaux-Rouges. Ils sentent que nous allons leur échapper, aussi ils sont furieux, ils ne demandent pas mieux, sans doute, que de tenter quelque coup de main hardi. C'est ce que je veux éviter. Les Indiens sont bien fins, capitaine.

— Oui, oui, señor Benito Ramirez, ils sont très-fins; mais nous ne sommes pas des imbéciles, nous autres, eh, eh! qu'en pensez-vous?

— Non certes, nous ne sommes pas des imbéciles; aussi, est-ce une raison de plus pour ne pas nous laisser surprendre par eux.

— Oh! oh! nous y veillerons.

— Eh bien, capitaine, avec votre permission, c'est ce que je vais faire, et cela tout de suite.

— Quand vous reverrai-je, señor Benito Ramirez?

— Demain, avant le lever du soleil.

— Eh bien, c'est dit, au revoir, señor Benito Ramirez; surtout au moindre mouvement suspect que vous apercevrez dans la montagne, avertissez-moi.

— Oh! rapportez-vous-en à moi pour cela, capitaine.

Le chasseur fit un dernier geste d'adieu, jeta son fusil sur son épaule et s'éloigna à grands pas.

— Quel excellent garçon que ce Ramirez, grommela le capitaine en le regardant s'éloigner; c'est véritablement un plaisir d'avoir affaire à des hommes comme celui-là!

Tout en parlant ainsi, le capitaine entra dans sa tente et se mit à table.

Cependant plus le temps se passait, plus la nuit se faisait noire, et plus le capitaine Kild, sans savoir à quoi attribuer ce qu'il sentait, se trouvait en proie à une inexprimable inquiétude. Un sombre pressentiment lui serrait la gorge ; une tristesse profonde s'emparait de lui ; le cœur lui manquait. Il lui semblait qu'un danger terrible et inconnu le menaçait.

Enfin, les choses en arrivèrent à un tel point, vers une heure du matin, qu'il se leva de sa couche, sur laquelle il se tordait depuis de si longues heures en appelant vainement le sommeil, et il quitta sa tente.

Tout était calme au dehors.

Un silence profond planait sur le désert ; on n'entendait pas un cri, pas un bruissement.

— Est-ce que je deviendrais fou ? murmura à part lui le capitaine avec une angoisse secrète.

Il se recoucha.

Mais à peine fut-il de nouveau enveloppé dans les fourrures qui lui servaient de lit, que son inquiétude se réveilla plus grande et plus poignante que jamais.

— Il faut en finir ! murmura-t-il.

Dès ce moment, sa résolution fut prise.

Il se leva en toute hâte, prit ses armes, sella lui-même son cheval, se mit en selle, sortit du camp et s'élança en avant à toute bride.

Cette course affolée dura près de trois quarts d'heure.

Tout à coup, il tira vivement sur la bride.

Son cheval s'arrêta sur ses jarrets tremblants.

Le capitaine pencha le corps en avant et prêta l'oreille ; il lui avait semblé entendre un bruit sourd et continu dont il ne pouvait deviner la cause.

Mais ce fut vainement qu'il écouta pendant trois ou quatre minutes.

Un bruit vague, indéterminé, sans cause appréciable, parvenait jusqu'à lui.

Le capitaine sauta à bas de son cheval et appuya son oreille contre le sol.

Au bout d'un instant, il se releva, pâle, hagard, les traits décomposés, en murmurant d'une voix frémissante :

— Ce sont des coups de feu! Les Indiens attaquent le camp! Le guide m'a trahi! Oh! Ramirez maudit, si tu tombes entre mes mains!... Allons, allons! tout n'est peut-être pas encore perdu !

Et, se relevant brusquement, il voulut saisir son cheval à la bride et se remettre en selle.

Mais l'animal, effrayé par la brusquerie de ce mouvement auquel il ne s'attendait pas, tourna sur lui-même, pointa les oreilles, et, lançant une ruade, il partit à fond de train dans la direction du camp.

— Malédiction! s'écria le capitaine Kild, en proie à une rage inexprimable; tout me manque à la fois !

Et, machinalement, il mit l'animal en joue.

Mais, presque aussitôt, rabaissant son fusil :

— Je suis fou! murmura-t-il. Quand je le tuerai, en arriverai-je plus vite ?

Et, à son tour, il partit au pas gymnastique, sur les traces de son cheval :

Mais celui-ci, qui avait une avance considérable et détalait toujours, atteignit le camp bien avant le capitaine.

Les sentinelles, en voyant le cheval revenir sans cavalier, les harnais en désordre, supposèrent qu'un malheur était arrivé à leur chef ; elles donnèrent l'alarme et réveillèrent tout le monde ; de sorte que lorsque le capitaine, essoufflé, hors d'haleine et accablé de fatigue, atteignit enfin le camp, il trouva tous ses gens debout, en proie à la plus vive inquiétude et se consultant sur ce qu'ils devaient faire.

Le capitaine, lorsqu'il eut un peu repris sa respiration et qu'il lui fut possible de parler, expliqua en quelques mots à ses hommes ce qui se passait, et, laissant trois ou quatre aventuriers à la garde du camp et des bagages, il ordonna aux autres de monter à cheval et de le suivre.

Cinq minutes plus tard, ils galopaient tous, le capitaine en tête, pour rejoindre l'avant-garde.

Au fur et à mesure qu'ils avançaient, les coups de feu devenaient plus distincts, et on entendait résonner, comme un glas funèbre, le cri de guerre des Indiens.

Les trois partis indiens avaient, ainsi que nous l'avons rapporté, attaqué simultanément, et de trois côtés différents, le camp des émigrants.

Mais, malgré les précautions qu'ils avaient prises, la

surprise n'avait pas été aussi complète qu'ils l'avaient espéré.

Au lieu d'avoir affaire, comme ils le supposaient, à des hommes endormis et faciles à égorger, ils s'étaient trouvés en face de gens résolus à leur opposer une vive résistance et à vendre chèrement leur vie.

Au lieu de surprendre, c'étaient eux au contraire qui avaient été surpris.

Accueillis par une décharge à bout portant, ils reculèrent en désordre et s'abritèrent contre les balles, afin de combiner une nouvelle attaque.

Valentin Guillois ne comprenait rien à ce qui se passait après les renseignements qu'il avait reçus de Benito Ramirez ; une sérieuse inquiétude s'était emparée de lui ; il savait en effet, que les Indiens se laissent aussi vite entraîner par une terreur panique, qu'ils mettent d'ardeur et de résolution dans leur attaque.

Voici ce qui s'était passé dans le camp, et que Valentin Guillois ne pouvait savoir.

Pendant la marche, Lingot avait remarqué, avec une jalousie secrète, que Benito Ramirez et Blue-Dewil, contre leur ordinaire, avaient eu ensemble une longue conversation à voix basse, et avaient paru cette fois être parfaitement d'accord, contre leur habitude.

Lingot, le lecteur le sait, nourrissait contre Blue-Dewil, une haine secrète, qui ne demandait qu'à éclater au grand jour, d'autant plus que le lieutenant, chaque fois que l'occasion s'en présentait, ne se gênait nullement pour lui témoigner le mépris le plus complet.

De plus, le bandit avait vu avec envie l'intimité qui s'était si fortement établie entre Benito Ramirez et le capitaine Kild.

Depuis quelque temps déjà, le capitaine lui-même ne montrait plus à Lingot la confiance à laquelle il avait habitué celui-ci. Le bandit se sentait soupçonné. Il comprenait que sa position se faisait chaque jour plus difficile près du capitaine et du lieutenant.

D'un autre côté, il était loin d'avoir la conscience nette.

Un homme de cette trempe, a toujours quelque chose à se reprocher.

Le bandit avait conçu le projet d'abandonner ses compagnons, et d'aller chercher fortune à l'aventure ; mais il ne voulait partir que les mains pleines et après s'être vengé des insultes qu'il se figurait avoir reçues.

Aussi épiait-il l'occasion propice, avec toute l'astuce dont le démon l'avait doué.

Ainsi que nous l'avons dit, la longue conversation du guide et du lieutenant lui avait donné l'éveil.

Pendant les deux visites que Benito Ramirez avait faites au camp dans la soirée, les deux hommes s'étaient entretenus de nouveau avec une grande animation.

Lingot était sur des épines.

Il était évident pour lui, qu'il y avait un projet dans l'air ; projet que l'on s'obstinait à lui cacher, et que pour cette raison même, il tenait énormément à découvrir.

Vers dix heures du soir, au moment où Blue-Dewil, après avoir fait sa ronde dans le camp, et s'être assuré que tout le monde dormait, se glissait mystérieusement dans le *jacal* servant d'abri provisoire à doña Rosario, Lingot épiait le lieutenant du coin de l'œil ; il rampa comme un serpent jusqu'au jacal, et appuya son oreille fine comme celle d'un tigre, contre la frêle cloison de la cabane.

Le jacal avait été construit à la hâte avec des branches d'arbres entrelacées, des couvertures avaient été tendues à l'intérieur pour intercepter l'air, et c'était tout.

Le bandit reconnut tout de suite que s'il lui était impossible de voir, du moins il lui était facile d'entendre ; en somme, c'était tout ce qu'il désirait, et en effet, bien que les interlocuteurs parlassent à voix contenue, il ne perdit pas un mot de leur entretien ; nous devons constater avec regret, que cette conversation le combla de joie et fit éclore une grimace d'une expression diabolique sur son hideux visage.

Doña Rosario et Blue-Dewil causaient en espagnol, mais peu importait au bandit, il parlait cette langue comme la française.

— Vous avez bien tardé à venir, mon ami, dit gracieusement doña Rosario à Blue-Dewil.

— A mon grand regret, señorita, répondit celui-ci ; mais si je viens tard, j'ai en revanche de bonnes nouvelles à vous annoncer.

— Que Dieu vous récompense ! les bonnes nouvelles sont rares pour moi.

— Celle-ci est excellente.

— Parlez vite alors, je vous en supplie.

— Je serai bref, car le temps nous presse. Vous avez vu sans le comprendre, señora, que le capitaine Kild a partagé sa troupe et en a envoyé une partie en avant.

— Il est vrai; je vous avoue que cela m'a fort inquiétée.

— Vous avez eu tort; voici pourquoi, rien ne pouvait être plus heureux pour vous. Benito Ramirez, ajouta-t-il en appuyant sur ce nom, ce qui fit sourire la jeune fille, est seul cause de ce mouvement qu'il a suggéré au capitaine. Cette nuit, vers deux heures du matin, Valentin Guillois et ses chasseurs, aidés par une centaine d'Indiens Corbeaux, surprendront le camp et vous enlèveront. Dans quelques heures, vous serez libre.

— Mon Dieu! s'écria la jeune fille avec émotion, serait-il possible?

— Je vous en donne ma parole d'honneur; tout est prêt, convenu, arrêté, réglé de telle sorte, que la surprise ne saurait échouer. Quand le capitaine Kild viendra, s'il vient, ce qui n'est pas probable, au secours de ses bandits, il arrivera trop tard. Déjà vous vous trouverez depuis longtemps sous la protection de Valentin Guillois, de Ramirez, de moi et de tous les autres chasseurs blancs.

— Mais qui donc êtes-vous? s'écria la jeune fille au comble de la joie et de l'étonnement.

— Je suis, répondit Blue-Devil, un homme dévoué à

Valentin Guillois, je vous l'ai dit déjà, et qui ai juré de vous sauver, señorita ; maintenant, écoutez-moi bien : j'ai, il y a une heure, chargé moi-même deux mules de tous les objets qui peuvent vous être utiles ; ces mules serviront de montures à vous et à votre amie Harriett Dumbar ; quant à moi, je vous accompagnerai à cheval ; ces mules ont été placées en lieu sûr, sous la sauvegarde du Pelon et d'un homme sur qui je puis compter. Quant à vous, señorita, voici ce que vous allez faire....

Tout à coup la frêle muraille du jacal oscilla brusquement.

— On nous écoutait ! s'écria Blue-Dewil en s'élançant au dehors.

Il lui sembla apercevoir une ombre, qui se glissait parmi les dormeurs, mais ce fut tout.

Lingot écoutait avec une si grande attention cette conversation, si intéressante pour lui, que, afin de ne pas en perdre un mot, il s'était penché en avant, plus qu'il n'aurait dû le faire, et avait failli passer à travers la mince cloison.

— Il y a un traître, murmura Blue-Dewil, ce traître ne saurait être que Lingot ; comment le confondre ?

Il réfléchit pendant quelques instants, puis il se dirigea vers la sortie du camp, du côté par lequel la caravane était venue.

Après avoir franchi les retranchements avec précaution, et comme un homme qui essaie de se cacher, il s'arrêta et se blottit entre deux ballots.

A peine s'était-il embusqué que Lingot parut.

Le bandit marchait à pas de loup; le corps penché en avant, l'oreille au guet, pour saisir le moindre bruit, et en ayant soin de sonder les ténèbres du regard; il demeura un instant immobile, puis, rassuré par le silence et la solitude, il enjamba à son tour le retranchement.

Mais, au même instant, il fut brusquement saisi à la gorge, une couverture fut jetée sur sa tête et, en moins de deux minutes, il se trouva ficelé et garrotté de façon à ne pouvoir faire un mouvement.

Ce qu'il y avait de plus terrible pour Lingot dans cette aventure, c'est que, pris à l'improviste et ignorant à qui il avait affaire, il éprouvait une crainte presque superstitieuse.

Cependant il soupçonnait le lieutenant.

Celui-ci le laissa provisoirement à la place où il se trouvait; et il se hâta de retourner au jacal où il avait laissé doña Rosario en proie à une indicible anxiété.

— Nous n'avons pas un instant à perdre, lui dit-il.

— Parlez, que faut-il faire? répondit résolument la jeune fille, ordonnez.

— Hâtez-vous de jeter un manteau sur vos épaules, répondit-il d'une voix haletante, que miss Harriett en fasse autant, et suivez-moi toutes deux; surtout pas d'hésitation, pas de frayeur, le moment est suprême. Je ne vous le cache pas, señorita, il s'agit pour vous d'être libre ou de mourir!

— Je veux être libre! s'écria-t-elle avec exaltation.

Blue-Dewils souleva alors une des couvertures, déplaça

quelques branchages et, faisant signe aux deux jeunes filles de le suivre, tous trois sortirent du jacal par cette porte improvisée.

Le jacal avait été construit presque à toucher la montagne.

En cet endroit, elle s'élevait en pente douce, de façon à ce que, sans trop de fatigue, on pût se tenir debout, tout en s'abritant derrière les buissons et se retenant à eux afin de conserver l'équilibre.

Blue-Dewil marchait en avant, et frayait le passage à ses compagnes, dont les pieds délicats avaient peine à les soutenir.

Enfin, après [d'énormes fatigues, les trois fugitifs réussirent à tourner le camp dans la direction opposée à celle où était resté le capitaine.

Ils regagnèrent alors le sentier, qui était frayé et assez large, ce qui leur permit de s'avancer avec une rapidité plus grande ; en moins de trois quarts d'heure ils atteignirent un épais fourré, au milieu duquel deux mules avaient été placées sous la garde du Pelon, et de l'homme de confiance dont le lieutenant avait précédemment parlé à doña Rosario.

— Ici vous êtes en sûreté, dit-il, quelque bruit que vous entendiez, quelque clameur qui soit poussée près de vous, demeurez cachées jusqu'à ce que vous me voyiez reparaître. Je vous jure sur l'honneur qu'aucun danger ne vous peut atteindre. Et toi, drôle, ajouta-t-il en s'adressant à l'émigrant, tu sais ce que tu m'as promis ?

L'homme ainsi qualifié de drôle haussa les épaules.

— Vous n'avez rien à me recommander, dit-il ; est-ce que vous ne me connaissez pas ?

— C'est bien ! c'est bien ! fit Blue-Dewil en riant ; au revoir ! chacun sera récompensé selon ses mérites.

Et, après avoir encore fait quelques recommandations aux deux jeunes femmes, il retourna au camp par le même chemin qu'il avait suivi pour venir.

Son premier soin fut de faire une ronde.

Personne n'avait bougé.

Il se rendit alors à l'endroit où il avait laissé Lingot ; il coupa légèrement, en deux ou trois endroits, le lasso avec lequel il l'avait garrotté et, le laissant se tortiller comme une anguille, il rentra dans le jacal de doña Rosario, et se hâta de boucher la brèche qu'il avait faite dans la cloison.

A peine achevait-il ce travail qu'il lui sembla entendre un léger frôlement auprès du jacal.

En effet, aussitôt que Lingot avait senti ses liens se relâcher, il avait mis tout en œuvre pour recouvrer la liberté de ses membres, ce qui lui avait réussi assez rapidement.

Mais ce fut en vain qu'il chercha des yeux et essaya de découvrir l'homme qui avait tranché ses liens.

Il se trouvait seul.

Alors il rentra dans le camp, et essaya de retrouver Blue-Dewil ; car il était intimement convaincu que c'était lui qui l'avait si adroitement ficelé.

Ne rencontrant nulle part le lieutenant, machinalement il se rapprocha du jacal.

Son étonnement fut extrême, et il retint à grand'peine une exclamation de surprise, lorsqu'en mettant son oreille à la cloison il entendit qu'on parlait à l'intérieur de la cabane.

— Excusez-moi, señorita, disait Blue-Dewil, excusez-moi de vous avoir quittée si brusquement ; j'avais cru que quelqu'un nous écoutait au dehors ; mais je me suis bientôt assuré que je me trompais. Alors, comme on ne saurait être trop prudent, je suis sorti du camp, afin de m'assurer si les mules dont je vous ai parlé étaient toujours à l'endroit où je les ai cachées. Il n'y a donc rien de changé dans nos dispositions. Vers deux heures, au moment où on attaquera le camp, je viendrai vous prendre pour vous mettre en sûreté. D'ici-là, essayez de dormir, car vous aurez bientôt à endurer des fatigues extrêmes. Je dois vous prévenir en outre que, dans la crainte d'une trahison, je prendrai certaines précautions pour votre sûreté, car nous pourrions être trompés, et avoir affaire à des ennemis au lieu de n'avoir en face de nous que des amis. A bientôt, señorita, à l'heure dite vous me verrez apparaître.

Lingot entendit alors un certain mouvement de pieds, et il se hâta de s'éloigner et de s'étendre près d'un feu.

— Ah ça, fit-il en voyant Blue-Dewil sortir du jacal, est-ce que j'ai la berlue, ou bien me suis-je trompé ?

Sacrebleu! si ce gaillard-là m'a mis dedans, il est rudement fort! C'est égal, nous verrons.

Blue-Dewil semblait chercher quelqu'un ; enfin, il se dirigea vers l'endroit où Lingot était couché.

Celui-ci ferma vivement les yeux.

— Eh! garçon, lui dit Blue-Dewil, en le poussant assez rudement du pied, assez dormi quant à présent!

— Hein? quoi? fit le bandit en bâillant à se démonter la mâchoire, que me voulez-vous, lieutenant? est-ce donc vous qui m'appelez?

— Oui, mon ami, j'ai à causer avec vous.

— A vos ordres, lieutenant, reprit l'autre en bondissant sur ses pieds.

— Venez par ici, continua Blue-Dewil, en l'entraînant à l'écart ; quoique tous ces gaillards me semblent dormir à poings fermés, dit-il d'un ton de bonhomie goguenarde, je ne sais pourquoi il me semble toujours qu'ils sont éveillés comme des lièvres au gîte et qu'ils ont leurs longues oreilles ouvertes. Or, la conversation que nous allons avoir ensemble, ne doit être entendue que de nous deux.

— Bon ; de quoi s'agit-il donc?

— Mon ami, dit nettement Blue-Dewil, en jetant un regard autour de lui, comme si, malgré la précaution qu'il avait prise, il redoutait d'être entendu, nous sommes dans une situation déplorable, je dois vous en avertir, dans un guêpier dont je ne sais pas, le diable me confonde, comment nous ferons pour sortir.

— Ah ! bah! fit Lingot avec un grand sérieux.

— C'est comme j'ai l'honneur de vous le dire; peut-être qu'avant deux heures nous serons tous scalpés.

— Eh, lieutenant! ne plaisantez pas, s'il vous plaît! cette perspective ne me sourit que très-médiocrement.

— Dame, mon ami, les philosophes doivent s'attendre a tout; aussi je vous répète que notre situation est très-loin d'être agréable; j'ai pensé à vous, parce que je sais que vous êtes un gaillard malin, qui, si vous le voulez, pouvez nous donner un solide coup de main.

— Quant à cela, lieutenant, vous comprenez que je suis tout prêt à vous obéir; que faut-il faire?

— Me seconder, tout simplement. Ramirez m'a averti que les Indiens doivent nous attaquer cette nuit; est-ce vrai? est-ce faux? je n'en puis encore rien dire; seulement, je crois qu'il est bon de nous tenir sur nos gardes.

— Sacrebleu! je le crois aussi, lieutenant.

Les deux hommes jouaient leur rôle avec une perfection si grande, que chacun se laissait prendre aux paroles de l'autre en croyant se tromper mutuellement.

— Il est minuit et demi environ; dans une demi-heure, on éveillera nos hommes. Comme il est possible que nous soyons à la fois attaqués en avant et en arrière, nous partagerons la troupe en deux. Vous prendrez le commandement de l'une, et moi, le commandement de l'autre; cela vous convient-il?

— Parfaitement.

— Quel poste préférez-vous?

— Oh! celui que vous voudrez, dit Lingot, je n'y mets pas d'amour-propre.

— C'est égal, parlez hardiment, je tiens à vous satisfaire.

— Eh bien, lieutenant, puisque cela vous est égal, je me mettrai, si vous voulez, à l'arrière-garde.

— Vous n'êtes pas dégoûté, mon gaillard, c'est le poste le plus périlleux.

— Je désire vous prouver, lieutenant, que vous vous êtes trompé sur mon compte.

— Eh bien, vous êtes dans l'erreur, répondit Blue-Dewil, avec un accent de mordante ironie, qui fit malgré lui tressaillir le bandit, je vous assure que je ne me suis pas trompé le moins du monde sur votre compte, et que je sais parfaitement à quoi m'en tenir à votre égard; aussi, soyez tranquille, il ne tiendra pas à moi que justice ne vous soit rendue.

— Je vous remercie, lieutenant, mais un honnête homme n'a pas besoin de récompense pour avoir bien fait son devoir ; répondit le bandit d'un air béat.

— C'est égal; ainsi je puis compter sur vous?

— Je vous en donne ma parole.

— C'est convenu ; surtout veillez bien !

— Oh! n'ayez crainte !

Les deux hommes se séparèrent, fort satisfaits l'un de l'autre, en apparence du moins.

Lingot avait demandé le commandement de l'arrière-garde, tout simplement, parce que c'était de ce côté que se trouvait placé le jacal de doña Rosario, et que c'était de ce côté aussi qu'il avait vu Blue-Dewil quitter le camp.

Nous avons rapporté de quelle façon les Indiens avaient été reçus par les émigrants.

Cette réception, nous l'avons dit aussi, avait donné à réfléchir à Valentin Guillois.

Cependant, après quelques minutes de délibération, les guerriers résolurent de tenter une nouvelle attaque.

Blue-Dewil avait profité de ces quelques instants de repos pour s'assurer de ce que faisait Lingot.

Le bandit avait disparu.

Aux premiers coups de feu, il s'était précipité dans le jacal; il ne lui avait fallu qu'un regard pour s'assurer qu'il avait été joué par le lieutenant.

Alors il avait sauté par-dessus les retranchements, et, au risque de se faire écharper par les Indiens, il s'était précipité à corps perdu dans le sentier et avait réussi, grâce à des prodiges d'audace inouïs, à passer à travers les guerriers.

Au même instant, la seconde attaque commençait.

Cette fois, les émigrants ne résistèrent que mollement aux Indiens, qui réussirent à sauter par-dessus les ballots et à pénétrer dans le camp.

Un cri terrible se fit entendre au dehors.

C'était le capitaine Kild, qui arrivait à la tête de ses derniers hommes et attaquait les Indiens par derrière.

Alors s'engagea une lutte formidable.

Mais les émigrants étaient démoralisés; ils combattaient sans ensemble, et ne pouvaient ainsi opposer une sérieuse résistance.

Aussi leur défaite fut bientôt complète, et ils se mirent à fuir dans toutes les directions.

Le capitaine Kild, après avoir vaillamment combattu, reconnaissant la folie d'une plus longue résistance, avait donné le signal de la retraite et s'était éloigné à toute bride, suivi par une vingtaine de cavaliers, seuls survivants de sa nombreuse troupe.

Les Indiens, joyeux et enivrés de leur succès, laissèrent le capitaine s'éloigner sans chercher à s'emparer de lui.

Les guerriers Corbeaux avaient strictement tenu la parole donnée à Valentin Guillois.

Les femmes et les enfants avaient été religieusement épargnés.

Valentin et Benito Ramirez cherchèrent fiévreusement doña Rosario au milieu de ces pauvres créatures affolées de terreur, et qui, les prenant pour des ennemis, se jetaient à leurs genoux en implorant leur pitié, quand, tout à coup, Blue-Dewil, qui avait quitté le camp après la première attaque, apparut au milieu d'eux.

Il était pâle, défait; ses yeux hagards roulaient dans leurs orbites avec une expression presque folle.

En l'apercevant, les deux hommes s'élancèrent vers lui.

— Eh bien! lui dirent-ils, doña Rosario, où est-elle?

— Perdue! s'écria-t-il; disparue! enlevée!

Les deux hommes demeurèrent atterrés.

— Oh ! nous la retrouverons ! s'écrièrent-ils.

Et, abandonnant le camp aux Indiens, ils se dirigèrent, suivis par la plupart de leurs compagnons et guidés par Blue-Dewil, vers l'endroit où celui-ci avait conduit les deux jeunes filles.

Ce fut en vain que les chasseurs se livrèrent aux recherches les plus actives.

Doña Rosario, miss Harriett, le Pelon, et Brown, l'homme de confiance du lieutenant, avaient disparu sans laisser de traces.

Les mules elles-mêmes, ainsi que le cheval de Blue-Dewil, avaient été emmenés.

Par qui avait été exécuté ce hardi coup de main ?

Par qui les jeunes filles avaient-elles été enlevées ?

IX

COMMENT PAWLET DÉCOUVRIT UNE PISTE ET CE QUI
EN ADVINT

William's Pawlet, le chasseur à qui Valentin Guillois avait confié la mission délicate d'escorter, avec deux de ses camarades, doña Dolorès de Castelar et don Pablo Hidalgo jusqu'aux premiers établissements américains, s'était acquitté de cette mission dangereuse avec toute l'intelligence et tout le dévouement que Valentin, qui le connaissait de longue date, attendait de lui.

Le voyage, un peu retardé par divers accidents peu importants, s'était cependant terminé dans les meilleures conditions; les voyageurs n'avaient pas été une seule fois inquiétés, ni par les rôdeurs de frontières, bandits sans foi ni loi, qui abondent aux environs des habitations; ni par les Peaux-Rouges, rôdeurs non moins dangereux; ni enfin par les bêtes fauves, si nombreuses dans les montagnes Rocheuses.

Pawlet semblait posséder un instinct infaillible pour éventer à distance ces divers ennemis et les éviter.

Seul un ours gris, apparaissant à l'improviste en face des voyageurs, avait eu la velléité de leur barrer le passage.

Le redoutable fauve avait payé cher cette malencontreuse fantaisie.

Pawlet, à la grande joie de doña Dolorès, l'avait tué roide et s'était emparé de sa peau, qui était magnifique, de sorte qu'il avait fait une excellente affaire.

L'Amérique du Nord a cela de particulier, que l'on y passe subitement et sans transition de la barbarie la plus complète à la civilisation la plus raffinée.

Les nuances n'existent pas, et ne peuvent existerchez un peuple qui est, pour ainsi dire, dans un état continuel de gestation. A peine a-t-on franchi la frontière, que ayant encore derrière soi, à une portée de fusil à peine, le désert dans toute sa majestueuse horreur, l'on se trouve pour ainsi dire enveloppé par la civilisation.

La ville de Fort-Snelling, dans laquelle les voyageurs entrèrent quatre jours à peine après avoir quitté Valentin Guillois, était, il y a quelque vingt ans, un simple comptoir de traite; aujourd'hui, c'est une ville bien bâtie, éclairée au gaz, renfermant tous les raffinements du luxe le plus confortable, et dont l'immense commerce s'étend jusqu'en Europe.

Le premier soin de don Pablo, en arrivant à Fort-Snelling, fut de s'installer dans le premier hôtel de la ville avec sa suite; après s'être reposé et avoir changé de costume; celui qu'il portait, excellent pour une course dans les prairies, n'étant plus en rapport avec le milieu dans lequel il se trouvait placé ; il pria Pawlet de le conduire chez le banquier ou plutôt chez le traitant pour lequel Valentin Guillois lui avait donné une lettre.

Après avoir traversé plusieurs bureaux magnifiques dans lesquels écrivaient un monde d'employés, don Pablo Hidalgo fut introduit en présence du banquier.

Ce banquier, véritable gentleman dans la plus rigoureuse expression du mot, reçut parfaitement son visiteur, et après avoir pris connaissance de la lettre que celui-ci lui présentait il se mit à son entière disposition.

— Vous m'êtes chaudement recommandé, señor, dit gracieusement master Maxwell; du reste c'est un plaisir pour moi d'être agréable à master Valentin.

— Ce chasseur est donc riche? demanda curieusement le jeune homme.

— Lui, fit le traitant avec un gros rire; il achèterait la ville s'il le voulait.

— Vous le connaissez beaucoup?

— Qui ne connaît pas Valentin Guillois ! il chassait le bison sur la rivière Saint-Pierre avant que nous songions à nous établir à Fort-Snelling; il nous a rendu d'immenses services; nous sommes, comme vous pouvez le voir, campés en plein territoire ennemi, les Sioux et les Corbeaux nous enveloppent de toutes parts; nous sommes ici dans le pays des hautes herbes ; la population rouge est six ou sept fois plus nombreuse que la nôtre, aujourd'hui encore.

— Comment ! il y a tant d'Indiens que cela dans le Minosota.

— Seuls les Sioux ou *Dacotah* dépassent trente mille ; ce sont des sauvages farouches et cruels qui haïssent les blancs, puis viennent les Corbeaux, et d'autres nations pillardes.

— Je vois que, ainsi que vous me l'avez dit, vous êtes campé bien plutôt qu'établis en véritable pays ennemi.

— Positivement, señor, répondit le banquier, mais notre population qui s'accroît tous les jours est composée d'hommes dévoués, d'un courage et d'une persévérance à toute épreuve ; les commencements de la colonisation ont été très-rudes et nécessairement difficiles ; nous avions contre nous pays, habitants, animaux, climat, tout nous était hostile ; la civilisation marche vite en Amérique, cela est vrai ; mais à quel prix ! chaque pas que nous faisons en avant, nous coûte des torrents de sang, nous soutenons chaque jour des luttes gigantesques contre les barbares. L'établissement de Fort-Snelling, le plus important de tout le pays, n'a été fondé sur les bases solides que vous lui voyez aujourd'hui que par des miracles d'audace et d'entêtement. Les sauvages auxquels nous achetons loyalement les terrains, dès qu'ils nous voient commencer les défrichements, prétendent revenir sur les marchés, ils nous harcèlent, nous attaquent, tuent nos pionniers, brûlent nos huttes, pillent nos convois, nous tendent les piéges et les guet-apens les plus odieux ! la mauvaise foi et la haine dirigent toutes leurs actions ; ils ne nous vendent leurs terres qu'avec l'arrière-pensée de ne pas nous les livrer; en Europe on s'apitoie sur le sort de ces malheureux Indiens, si injustement dépouillés par les Yankees avides, et tués comme des fauves.

— Mais pourtant, cher monsieur, répondit don Pablo, tous les Indiens ne sont pas tels que vous me les représentez.

— Certes non ; je me hâte de le reconnaître, il y en a de sages, d'honnêtes, de loyaux, mais ils sont en petit nombre; master Valentin, qui connaît mieux que personne la race rouge, convient lui-même, que les nations honnêtes sont en minorité ; il nous a rendu d'immenses services lors des commencements de notre colonisation; sans lui et la grande influence dont il jouit dans les tribus indiennes, jamais nous n'aurions réussi à nous établir solidement dans ce pays.

— C'est un grand cœur et un esprit d'élite.

— Il est révéré de tout le monde dans le Minosota, blancs et rouges se feraient hacher pour lui; s'il le voulait, grâce à son immense fortune, à sa vaste intelligence et à son beau caractère, il parviendrait à tout dans notre pays, où l'on sait si bien apprécier les hommes pratiques; mais il s'obstine à demeurer au désert, il aime les Indiens, et se plaît parmi eux.

— Ils ont donc du bon ces Indiens, dit en souriant don Pablo, puisqu'un homme comme celui dont nous parlons leur porte un si grand intérêt.

— Certes ils en ont, señor, et beaucoup même, nul

plus que moi, n'est porté à le reconnaître ; malheureusement, c'est une race réfractaire à tout progrès et à toute civilisation.

— Dame ! la civilisation et le progrès ne leur sont que médiocrement avantageux, vous en conviendrez.

— C'est vrai, mais par leur faute ; voyez-vous, señor, toute race nuisible à la société en général, et qui s'obstine à lutter contre l'intérêt commun, hommes, animaux ou végétaux, doit fatalement disparaître ; ceci est une loi fatale de la nature ; l'Amérique nous a été donnée par Dieu, pour la civiliser, la moraliser et, à un moment donné, régénérer la grande famille humaine, en reconstituant sur des bases solides dans ces contrées vierges le niveau moral si fort abaissé dans le vieux monde, pourri de vices, et qui, au moindre choc, tombera en poussière ; nous avons un rôle providentiel à jouer, nous sommes une race militante, tout ce qui refuse de se courber sous notre niveau doit fatalement disparaître ; les Peaux-Rouges ne veulent pas accepter la civilisation, tant pis pour eux, ils seront à jamais effacés de la terre comme l'ont été avant eux les races anté-diluviennes, dont on retrouve à peine quelques ossements pétrifiés au fond des cavernes ; il faut qu'il en soit ainsi pour que le progrès accomplisse son œuvre, et que la volonté divine, qui nous pousse malgré nous en avant, soit exécutée.

— Je crois, señor Maxwel, que vous attribuez à la Providence un rôle auquel jamais elle n'a songé, répondit le jeune homme en riant.

— Vous verrez, vous verrez, señor.

Don Pablo se leva, le banquier lui compta la somme désignée dans sa lettre de crédit, et ils se séparèrent en se serrant la main.

Don Pablo se rendit chez le premier armurier de la ville, où il fit plusieurs emplettes, puis il rentra à l'hôtel.

Le lendemain, Pawlet et les deux autres chasseurs vinrent prendre congé de don Hidalgo et de doña Dolorès; Pawlet était radieux, il avait très-bien vendu la peau de l'ours gris à master Maxwel; maintenant que sa mission était accomplie il avait hâte de retourner dans les montagnes Rocheuses.

Le jeune Espagnol remit au chasseur une lettre pour Valentin Guillois, lettre écrite en commun par les deux fiancés, et dans laquelle ils remerciaient le Chercheur-de-Pistes du service immense qu'il leur avait rendu; lui rappelaient sa promesse d'aller les voir; lui disaient que ce bonheur qu'ils lui devaient ne serait complet que lorsqu'ils auraient reçu sa visite; et l'assuraient de leur éternelle reconnaissance; cette lettre était signée par don Pablo et doña Dolorès.

Don Pablo fit ensuite cadeau à chacun des chasseurs d'un excellent rifle, auquel il joignit une paire de magnifiques revolvers à six coups.

Un rifle et une paire de revolvers furent de plus confiés à Pawlet pour être remis au Castor, à qui les deux jeunes gens avaient de grandes obligations; surtout celle d'avoir connu Valentin Guillois.

13.

Doña Dolorès ne voulant pas rester en arrière de générosité avec ces braves gens, qui lui avaient fait si bonne et si sûre escorte, offrit à chacun une excellente montre en or à double boîtier, en les priant d'en remettre une semblable en son nom au Castor.

Ce dernier cadeau combla les chasseurs de joie; ils prirent congé avec force remerciements et assurances de dévouement, puis ils se retirèrent.

Le lendemain don Pablo et sa fiancée quittèrent la ville de Fort-Snelling pour continuer leur voyage.

Au moment du départ, ils reçurent les derniers adieux des chasseurs, qui n'avaient pas voulu les laisser s'éloigner sans les remercier une fois encore.

Deux heures plus tard, Pawlet et ses deux camarades, Jansen et Lemann, quittaient à leur tour la ville, et reprenaient le chemin des montagnes Rocheuses dont les crêtes dénudées estompaient au loin l'horizon comme un nuage grisâtre.

Il leur fallut deux jours, bien que leurs chevaux fussent toujours maintenus au grand trot, pour traverser la région plate, nommée pays des Hautes-Herbes.

En effet, cette contrée n'est qu'une immense prairie, coupée de nombreux cours d'eaux, où les herbes atteignent une hauteur extraordinaire, mais dans laquelle ne croît pas un seul arbre.

Rien ne saurait rendre l'aspect à la fois imposant et désolé de cet océan de verdure dont rien ne rompt la monotone régularité, et qui est incessamment parcouru par des troupes de guerriers Sioux ou Dacotahs, et des

Indiens Corbeaux en chasse des bisons, des *assalhas* et des élans qui foisonnent dans ces solitudes.

Pawlet et ses deux compagnons se dirigèrent avec tant de prudence, qu'ils ne firent aucune mauvaise rencontre pendant ce trajet [de près de cinquante lieues, réputé, avec raison, un des plus dangereux que l'on puisse faire.

Le matin du troisième jour, vers dix heures, ils atteignirent les premiers contre-forts des montagnes Rocheuses; le soir ils campèrent en pleine montagne.

Deux ou trois heures avant le coucher du soleil, Pawlet avait relevé de nombreuses empreintes qui lui firent supposer qu'une troupe considérable les précédait sur la route qu'ils suivaient.

Les traces laissées sur le sol étaient évidemment celles d'hommes blancs; mais quels étaient ces blancs, voilà ce qu'il était important de savoir.

Il est souvent beaucoup plus dangereux au désert de rencontrer des hommes de sa couleur que des Peaux-Rouges.

C'est surtout dans ces contrées barbares, que le proverbe : *homo homini lupus*, est applicable dans toute sa rigueur.

Le désert est le refuge naturel de tous les déclassés de la civilisation, qui vont y pêcher en eau trouble, en ne reconnaissant d'autres lois que la force.

Les trois chasseurs résolurent donc de redoubler de prudence jusqu'à plus ample informé.

Le soir, lorsque l'heure de camper fut venue, le basard leur fit découvrir une grotte assez profonde dans laquelle ils s'installèrent avec leurs chevaux, et où ils purent allumer du feu, ce qu'ils n'auraient pas osé faire, s'il leur avait fallu camper en pleine forêt.

La nuit était belle, diamantée d'étoiles brillantes, mais sans lune, et par conséquent assez sombre; de plus elle était très-froide; ce qui leur fit apprécier l'avantage d'un bon feu de veille pour les réchauffer d'abord et ensuite pour cuire leurs aliments.

Lorsque les chevaux furent pansés, qu'on leur eut donné leur provende, les chasseurs s'occupèrent de leur souper, repas des plus frugals et qui ne nécessita pas de grands apprêts; puis le souper mangé, les chasseurs sortirent dans la forêt pour faire la provision de bois sec, nécessaire à l'entretien du feu pendant toute la nuit.

Bientôt ils en eurent un énorme tas amoncelé dans un des coins de la grotte.

— Mes camarades, dit alors Pawlet, j'ai cru apercevoir une lueur briller tout à l'heure à travers les arbres, à une courte distance de l'endroit où nous sommes.

— A environ une portée de fusil, dit Jansen, je l'ai aperçue aussi.

— Eh bien, que pensez-vous de cela?

— Je pense, dit Jansen, que c'est un feu de veille; nous avons des voisins campés près de nous.

— Quels sont ces voisins? voilà la question, dit Lemann.

— Ce sont des blancs, dit nettement Pawlet.

— Vous en êtes sûr? demandèrent les deux chasseurs.

— Parfaitement ; j'ai découvert leur piste cette après-dînée.

— Bon, mais peut-être le feu que vous avez aperçu, n'est-il pas allumé par eux?

— Ja'ffirme le contraire.

— Qui le prouve ?

— Le feu lui-même; n'avez-vous pas remarqué comme moi, Jansen, que ce feu jette presque autant de fumée que de flamme.

— En effet, j'ai remarqué cela ; ce qui me fait pencher pour votre opinion.

— Des blancs seuls, et des blancs peu accoutumés à la vie des prairies, peuvent allumer un feu avec si peu de précautions; des Peaux-Rouges ou de vieux chasseurs comme nous, ne commettraient jamais une pareille imprudence; il ne manque pas de bois sec dans la forêt.

— C'est vrai, il y a là une faute notoire; et vous concluez?

— Je conclus que nos voisins sont des blancs peu expérimentés, et que, selon toute probabilités, ce sont des rôdeurs de frontières.

— Je ne vois pas trop ce que des rôdeurs de frontières viendraient faire dans les montagnes où il n'y a rien à glaner pour eux; c'est plutôt aux environs des établissements qu'ils devraient être.

— C'est vrai; mais après cela, peut-être avons-nous

affaire à des émigrants de l'espèce du capitaine Kild, c'est-à-dire à des marchands de chair humaine.

— Cette seconde supposition me paraît plus probable que la première; du reste, je crois que nous ne ferons pas mal de nous en assurer.

— Oui, le plus tôt sera le mieux.

— C'est bien votre avis, compagnons? demanda Pawlet.

— Certes, dit Jansen, il est important que nous sachions à quoi nous en tenir sur le compte de ces étrangers.

— Afin de prendre les précautions nécessaires pour ne pas être surpris par eux, appuya Lemann, si, ce qui est probable, nous avons affaire à des ennemis.

— Eh bien, reprit Pawlet, je me charge d'aller les reconnaître; demeurez tranquilles ici près du feu, avant une heure je vous rapporterai des nouvelles.

— Surtout ne vous laissez pas prendre.

— Oh ! il n'y a pas de danger; à bientôt.

— Bonne chance, lui dirent ses deux compagnons.

— Merci, répondit-il.

Et il quitta la grotte.

Les chasseurs avaient campé pour la nuit sur le versant d'une côte boisée qui descendait en pente douce jusque dans un vallon, boisé aussi, mais de peu d'étendue, et dont le versant opposé, sur lequel la forêt se continuait, remontait par une pente presque perpendiculaire; au centre du vallon traversé, selon toute probabilité, par un cours d'eau, sans doute il se trouvait une clairière ; c'était dans cet endroit que les inconnus, dont le voisinage intriguait si fort les chasseurs, étaient campés.

Le brave Pawlet, après avoir quitté la grotte, s'orienta afin de bien s'assurer de la direction dans laquelle se trouvait le feu, puis, après un instant de réflexion, comme s'il combinait tout un plan dans sa tête, il jeta brusquement son fusil en bandoulière, s'élança vers l'arbre le plus proche et se mit à y grimper avec l'adresse et l'agilité d'un singe.

Parvenu à la maîtresse branche de cet arbre, le chasseur hésita pendant une seconde, puis il attira à lui une branche d'un arbre voisin et sauta; bref, il commença à passer d'arbre en arbre avec une sûreté de mouvements, une précision et un aplomb qui eussent fait honneur à un gymnaste de profession.

Ce singulier mode de locomotion adopté par le chasseur avait le double avantage d'être plus rapide que s'il avait marché à travers les halliers et les broussailles et de ne pas laisser de traces de son passage ; c'est à cette manière de voyager, souvent adoptée dans les forêts vierges par les Peaux-Rouges et les chasseurs, qu'il ont donné le nom caractéristique de *piste en l'air*.

Dans certaines circonstances, les nomades du désert font souvent plusieurs lieues ainsi, sans mettre pied à terre une seule fois.

Il ne fallut que quelques minutes à Pawlet pour franchir le flanc de la montagne et se trouver non-seulement dans le vallon, mais encore à la limite extrême du couvert.

Arrivé là, le chasseur se blottit au plus épais de l'arbre qui lui servait d'observatoire improvisé et il regarda.

C'était bien réellement un camp d'hommes blancs qu'il avait devant lui, sa longue expérience ne l'avait pas trompé; seulement ce camp était beaucoup plus considérable, et le nombre des hommes réunis là était beaucoup plus grand qu'il ne l'avait d'abord supposé.

Ce n'était pas un feu qui brûlait, mais dix, autour de chacun desquels des chasseurs étaient, soit couchés et dormant, soit accroupis et fumant, ou causant entre eux.

En les voyant si nombreux, Pawlet comprit que, s'ils avaient laissé des traces derrière eux, ce n'était pas par ignorance des coutumes indiennes, mais par dédain d'une précaution que la force dont ils disposaient rendait presque puérile.

Le digne chasseur s'affermit d'autant plus dans cette pensée que, parmi les hommes groupés autour des feux, il lui sembla retrouver plusieurs visages de connaissance.

En somme, ces voyageurs, quels qu'ils fussent, étaient environ quatre-vingts.

Pawlet ne découvrit aucune femme.

Ce n'étaient pas des trafiquants d'esclaves.

Ils n'avaient avec eux ni wagons, ni bestiaux.

Ce n'étaient pas non plus des trafiquants ou des marchands ambulants.

Dix ballots, de moyenne grosseur, très-soigneusement fermés, étaient empilés près d'un *jacal* en branchages, la seule habitation qui existât dans le camp.

Les chevaux des voyageurs, parmi lesquels se trouvaient cinq mules, étaient attachés à des piquets et mangeaient leur provende à pleine bouche.

Devant un feu allumé à une légère distance du jacal, deux hommes assis sur des crânes de bison, causaient entre eux avec une certaine animation en fumant de fines cigarettes de paille de maïs.

— Ce sont des Mexicains, murmura le chasseur ; quel diable de métier font-ils, et pourquoi viennent-ils par ici ?

Et il examina plus attentivement les deux individus.

Le premier, bien que très-vert encore, devait approcher la soixantaine, ses cheveux étaient blancs ; ses traits avaient une grande expression de bonté et de franchise ; en ce moment, il semblait soucieux.

Le second était un jeune homme de haute taille, aux traits fins et distingués, sa physionomie douce et rêveuse, peut-être un peu trop belle pour un homme, avait une indicible expression de volonté et d'énergie ; il avait les yeux bleus et de long cheveux blonds tombant en boucles soyeuses sur ses épaules ; une fine moustache commençait à tracer une légère teinte de bistre sur sa lèvre supérieure ; il ne devait pas avoir plus de vingt ans.

Il portait avec une aisance parfaite, le costume pittoresque des coureurs des bois, tout dans ses manières décelait l'homme de race, et était empreint d'un grand cachet de distinction, sans morgue et sans hauteur.

Lui aussi avait un voile de mélancolie rêveuse, répandu sur sa physionomie fière et sympathique à la fois.

— Ces gens-là ne sont ni des pirates des prairies, ni des chasseurs de bisons, ni des marchands, murmura le chasseur après un mûr examen, que sont-ils? Il faut que je le sache. By god ! ajouta-t-il en riant, ils ne me tueront pas sans me laisser le temps de m'expliquer ; allons, il faut tenter l'aventure ; qui sait? peut-être me trouverai-je plus en pays de connaissance que je ne le suppose.

Ces réflexions furent faites avec la rapidité d'un homme habitué à prendre promptement son parti ; le chasseur après s'être assuré de la position exacte des sentinelles placées, de distance en distance, autour de la clairière, se laissa glisser à bas de son arbre, et se dirigea d'un pas ferme vers le camp sans essayer d'assourdir le bruit de sa marche.

A peine le chasseur avait-il fait une dixaine de pas, qu'il entendit un bruit auquel son oreille exercée ne pouvait se méprendre.

C'était le bruit sec d'un fusil que l'on arme.

— Eh ! cria-t-il, pas de mauvaise plaisanterie, s'il vous plaît; ne tirez pas, je suis un ami.

— Ami, ou ennemi, arrête, si tu ne veux recevoir

une balle en pleine poitrine, répondit une voix rude, d'un ton de menace.

— Soit; venez me reconnaître; c'est drôle, ajouta-t-il, entre haut et bas, voilà une voix que j'ai entendue quelque part.

Un bruit se fit dans les buissons, les broussailles s'écartèrent, et deux hommes parurent, le canon du fusil en avant et le doigt sur la gâchette.

— Qui êtes-vous? et que demandez-vous? reprit l'homme qui déjà avait parlé.

— Le diable m'emporte si ce n'est pas la voix de mon vieux camarade Tom-Trick! fit le chasseur sans répondre à la question qui lui était adressée.

— Oui, je suis Tom-Trick; après? fit l'autre d'un ton bourru.

— Toujours aimable et caressant, ce cher ami, fit le chasseur en riant; comment, tu ne me reconnais pas, vieil ours!

— Eh! Dieu me damne! c'est Pawlet! s'écria l'autre avec la plus grande surprise.

— Allons donc, ce n'est pas malheureux! tu as mis du temps à me reconnaître.

— Qu'est-ce que tu viens donc faire par ici? demanda Tom-Trick en désarmant son fusil, mouvement imité aussitôt par son silencieux compagnon.

— Je viens te voir, répondit-il en riant.

— Ah! fit l'autre avec méfiance.

— Oui, tout à l'heure, du haut d'un arbre où j'étais perché, pour examiner le camp plus à mon aise, j'ai cru te reconnaître et, ma foi, je n'ai pas résisté au désir de te serrer la main.

— Tu es bien aimable, fit l'autre en ricanant; viens donc un peu par ici, peut-être notre capitaine ne sera-t-il pas fâché de causer avec toi.

— A son aise; je ne demande pas mieux.

Ils se mirent en route sans plus longue conversation.

Cinq minutes plus tard, ils pénétraient dans le camp.

La nouvelle s'était déjà répandue de l'arrivée d'un chasseur étranger.

Aussi tout le monde était-il debout, regardant curieusement le nouveau venu, qui lui, s'avançait avec insouciance entre les deux hommes qui lui servaient de gardes du corps.

Plusieurs chasseurs reconnurent Pawlet, et vinrent lui souhaiter cordialement la bienvenue parmi eux.

Celui-ci répondit joyeusement à leurs avances, et leur distribua de nombreuses poignées de main, de sorte que ce fut au milieu d'une escorte considérable qu'il fut conduit en présence du capitaine.

Ainsi que Pawlet l'avait supposé, le capitaine de cette nombreuse troupe était le vieillard que, du haut de son perchoir, le chasseur avait aperçu assis devant un feu près du jacal, et causant avec ce grand jeune homme blanc de si haute mine.

En voyant s'approcher les chasseurs conduisant un étranger au milieu d'eux, il interrompit sa conversation et s'adressant aux arrivants :

— Que se passe-t-il donc, mes enfants ? demanda-t-il, quel est cet étranger que vous m'amenez et que la plupart de vous semblent si bien connaître ?

— Pour cela, capitaine, répondit Tom-Trick, pour sûr que nous le connaissons et beaucoup même.

— Qu'est-ce qui ne connaît pas Pawlet, le chasseur de bisons ? dit un autre.

— Oui, oui, s'écrièrent plusieurs voix à la fois, c'est Pawlet, notre camarade.

— Bien; alors ce n'est pas un ennemi pour nous ? dit le vieillard en souriant.

— Pour ça, il n'y a pas de danger; j'en jurerais ! reprit Tom-Trick.

— Alors pourquoi me l'amenez-vous ainsi comme un prisonnier ?

— Parce que, capitaine, la consigne est la consigne, je ne connais que cela ; il a voulu s'introduire dans le camp, je l'ai arrêté, quoique je sois son ami ; j'aurais agi de même quand ça aurait été mon frère.

— Vous avez bien fait, Tom-Trick, répondit le capitaine ; et s'adressant au chasseur qui jusque-là n'avait encore pu placer un mot : Vous avez essayé de vous introduire dans mon camp ? lui demanda-t-il.

— Oui, mon capitaine, répondit le chasseur avec un salut respectueux ; mais Tom-Trick vous dit que je me suis présenté franchement, sans me cacher, comme un honnête homme qui demande l'hospitalité et non comme un espion qui médite une trahison.

— Ça c'est vrai, fit Tom-Trick ; et quant à être un

traître, Pawlet ne mange pas de ce pain-là, c'est connu; n'est-ce pas, les autres ?

— Pawlet est un brave chasseur, nous répondons de lui, dirent les assistants d'une seule voix.

— Cela suffit, mes enfants, reprit le capitaine en souriant, retirez-vous; quant à vous, chasseur, cette hospitalité que vous demandez vous est accordée, ajouta-t-il; asseyez-vous là, près de moi, je désire causer avec vous.

— A vos ordres, mon capitaine, je suis venu pour cela.

Les chasseurs se retirèrent ainsi que leur chef le leur avait ordonné, mais non sans avoir auparavant, pour la plupart, serré amicalement la main de Pawlet.

Celui-ci s'assit sur un crâne de bison, en face du capitaine.

— Vous comptez de nombreux amis parmi nous ; lui dit en souriant le vieillard.

— Ce n'est pas étonnant, señor, répondit-il avec bonhomie, tout en bourrant sa pipe, voilà quinze ans que je cours le désert, ils me connaissent presque tous.

— C'est juste ; comment se fait-il que vous traversiez seul la forêt à cette heure de nuit, et que vous soyez contraint, vous un vieux chasseur de bisons, de demander l'hospitalité dans mon camp ?

— Bon, je vous vois venir, señor, répondit-il en riant, c'est mon histoire que vous voulez savoir ?

— Oui ; trouvez-vous quelque inconvénient à me la raconter ?

— Moi, pourquoi cela, capitaine? pas le moins du monde ; je n'ai rien à cacher, grâce à Dieu !

— Alors, si vous n'êtes pas trop fatigué, après avoir bu un verre de rhum à votre bienvenue, vous nous direz les motifs de votre présence ici ?

— Je vous dirai tout ce que vous voudrez, capitaine ; quant au verre de rhum, quoique je ne sois pas un grand buveur, je l'accepterai avec plaisir, vu que la chaleur est loin d'être exagérée.

— Eh bien, à la bonne heure, voilà qui est parler, dit gaiement le capitaine; je crois que nous nous entendrons.

— Et moi, j'en suis sûr, señor, dit-il d'un ton de bonne humeur.

Le capitaine appela un domestique assis près du jacal, et lui donna ses ordres, qui furent aussitôt exécutés.

— A votre santé, chasseur, dit le vieillard en choquant son verre contre celui du chasseur et celui du jeune homme.

— A la vôtre, mon capitaine, répondit Pawlet.

Il but son verre d'un trait.

— Hum ! fit-il en le rendant au domestique, cela fait du bien ; j'avais besoin de cela, sans mentir.

Il alluma sa pipe.

— Vous voulez donc savoir pourquoi je suis venu vous trouver, señor? reprit-il au bout d'un instant.

— Oui, si cela ne vous contrarie point?

— Pas le moins du monde, capitaine; voici la chose

en deux mots : Pour lors, señor, il est bon que vous sachiez que plusieurs de mes camarades et moi nous nous sommes réunis dans les montagnes Rocheuses aux environs de la rivière du Vent, pour mener à bien une expédition très-dangereuse. Cette expédition dure déjà depuis plusieurs mois ; pour lors il y a quelques jours, nous avons eu la chance de sauver une jeune fille que les Bois-Brûlés de la rivière Rouge avaient enlevée, je ne sais dans quel but, et que son fiancé, don Pablo Hidalgo, avait prié notre Chef de délivrer, ce qui a été fait ; pour lors, quand doña Dolorès a été rendue à son fiancé, qui est un très-riche Mexicain, notre Chef a dit aux deux jeunes gens : c'est pas tout ça, vous voilà heureux, vous n'avez plus rien à faire ici, il faut retourner chez vous par les États-Unis, et ça, tout de suite ; comme vous n'avez probablement pas d'argent sur vous, vu que l'argent ne sert à rien dans le désert, si ce n'est à s'assassiner les uns les autres, voilà une lettre de crédit pour un banquier de Fort-Snelling où je vais vous faire conduire par trois de mes camarades, vous, votre fiancée et vos domestiques ; quant à l'argent que je vous avance, vous me le remettrez un de ces jours, quand nous nous reverrons. J'ai donc été chargé avec deux de mes camarades de conduire ces braves jeunes gens à Fort-Snelling où je les ai vus partir en voiture pour aller s'embarquer sur un bateau à vapeur du Mississipi. Après avoir accompli notre mission, mes camarades et moi nous nous sommes mis en route pour rejoindre au plus vite notre Chef, qui nous a recommandé de nous presser, parce qu'il a grand besoin de nous là-bas.

— Et quel est votre Chef, mon camarade, pouvez-vous me le dire?

— Pourquoi pas, señor? c'est un des plus renommés chasseurs du désert, aimé et redouté de tout le monde; blancs et rouges le respectent; mais chaque chose viendra en son temps, laissez-moi finir.

— C'est juste, continuez.

— Voilà trois jours que nous sommes en route, après avoir traversé la région des Hautes-Herbes; nous sommes entrés aujourd'hui dans les montagnes; nous n'avons pas perdu de temps?

— En effet, c'est bien marcher.

— Ce matin, j'ai découvert votre piste.

— Ce n'était pas difficile.

— C'est vrai, vous ne la cachez pas; ce soir, en ramassant du bois pour notre feu de veille, j'ai aperçu vos feux; dans le désert, il faut surtout se méfier de ses voisins, hommes ou fauves, surtout les hommes, parce que sur cent il y en a quatre-vingt dix-neuf de mauvais.

— Vous dites là une triste vérité, mon ami, fit le vieillard en hochant la tête.

— Voilà quinze ans que je chasse dans les prairies, vous comprenez que j'ai appris bien des choses, et que je sais à quoi m'en tenir là-dessus; pour lors, après souper, j'ai dit à mes deux camarades : c'est pas tout ça, ces voisins que nous avons là me taquinent, je veux savoir à quoi m'en tenir sur leur compte; restez ici bien tranquilles à vous chauffer, moi, je vais pousser une reconnaissance de leur côté; je suis donc venu en courant d'arbre en arbre; après vous avoir examinés tout à mon aise, je me préparais à m'en retourner, lorsqu'en vous regardant, capitaine, une idée m'est passée par la tête, et, au lieu de m'en aller, je me suis présenté à votre camp. Voilà, vous en savez maintenant autant que moi.

— Pas encore, fit le vieillard en souriant, vous ne m'avez pas dit quelle était cette idée qui vous avait passé par la tête, et vous avait engagé à vous présenter dans mon camp.

— C'est ma foi vrai, capitaine, je vous remercie de m'y faire penser, j'avais complétement oublié. Pour lors, figurez-vous que tous nous aimons beaucoup notre Chef, nous nous ferions hacher pour lui rendre service, il le sait bien, aussi il nous rend notre amitié avec usure; depuis plus d'un mois il est très-inquiet, parce qu'il ne reçoit pas de nouvelles d'un ami qu'il a laissé dans les établissements, et qui lui avait promis de le rejoindre; depuis quelque temps, il nous répète sans cesse : attendons, ne nous pressons pas, don Gregorio ne tardera pas à arriver et alors...

— Quel nom avez-vous prononcé ? s'écria vivement le vieillard.

— Le nom de l'ami de notre chef, celui qu'il attend, don Gregorio, est-ce que vous le connaissez ?

— Peut-être; est-ce qu'il ne lui donnait pas un autre nom encore ?

— Si, By god, il l'appelle don Gregorio Venalta, Berarda, Peralta ; oui, c'est cela, don Gregorio Peralta !

Le vieillard et le jeune homme étaient en proie à une agitation extrême ; ils échangeaient des regards pleins d'éclairs, leurs yeux étaient mouillés de larmes, et pourtant leur physionomie était radieuse.

— Oh ! le doigt de Dieu est là ! s'écria le vieillard avec agitation ; c'est lui qui a conduit ici ce chasseur.

— Qu'est-ce que vous avez donc, señor ? demanda Pawlet tout interloqué et sans savoir quelle contenance tenir ; est-ce que, sans le vouloir, je vous aurais fait de la peine ?

— Non, mon brave, non, au contraire ; vous nous avez causé une joie immense.

— Oui, oui, mon ami ! s'écria le jeune homme en lui tendant la main, votre Chef, ce chasseur qui vous commande, il se nomme Valentin Guillois, n'est-ce pas ?

— Oui, Valentin Guillois, le Chercheur-de-Pistes, répondit Pawlet.

— Et il a avec lui un Chef indien, son ami, son frère, reprit le jeune homme, en proie à une émotion qu'il n'essayait même pas de dissimuler.

— Curumilla, le Chef Araucan ; ah ça, est-ce que, par hasard, mon idée serait bonne et que, sans le savoir, j'aurais ?...

— Retrouvé l'ami de votre Chef ; oui, mon ami, je suis don Gregorio Peralta ; je vais le rejoindre, je le cherche.

— Ah! bonté divine, c'est un coup du ciel! s'écria joyeusement le chasseur, eh bien, soyez tranquille, mon digne señor, vous ne chercherez pas longtemps Valentin Guillois, je vous le promets; je vais vous conduire tout droit vers lui, moi!

— Bien, mon ami, bien, j'accepte.

— Et moi je vous remercie; je suis le fils adoptif, le frère de...

— Doña Rosario, la jeune fille que nous voulons délivrer?

— Oui!

— Ah! by god! s'écria le chasseur en s'appliquant sur la cuisse un coup de poing à assommer un bœuf, que j'ai donc bien fait de suivre mon idée et d'entrer dans le camp!

— Oui, mon ami, car vous nous avez rendus bien heureux! s'écrièrent les deux hommes en lui serrant les mains avec effusion.

X

POURQUOI DON GREGORIO SE RENDIT A SAINT-LOUIS DU MISSOURI

Nous avons raconté, dans la première partie de cette histoire comment don Gregorio Peralta avait été grièvement blessé à la cuisse, à l'attaque tentée à la Nouvelle-Orléans, contre la maison de Valentin Guillois par les bandits de don Miguel Tadeo de Castel Leon, et comment le chasseur, contraint de se mettre sans retard à la recherche de doña Rosario, s'était vu dans l'obligation d'abandonner son ami malade dans la capitale de la Louisiane.

Don Gregorio Peralta et Valentin Guillois étaient convenus d'un rendez-vous où ils se retrouveraient; et, de plus, il avait été entendu entre eux que tandis que le chasseur se mettrait à la poursuite des ravisseurs de la jeune fille, don Gregorio, dès qu'il serait guéri, se mettrait lui de son côté à la recherche du jeune homme.

La blessure de don Gregorio, bien quelle ne lésât

aucun organe important, était très-sérieuse; cependant le digne chacarero aurait été bien plus promptement guéri et en état de se livrer aux recherches qu'il méditait, si le chagrin qu'il éprouvait d'être ainsi réduit à l'impuissance, n'avait pas aggravé son mal et retardé sa guérison, en rendant le plus souvent inutiles tous les efforts du médecin et neutralisé l'effet des remèdes.

Cependant les exhortations réitérées de master John Estor, qui chaque jour venait lui faire une longue visite, réussirent à lui faire comprendre que, s'il ne prenait pas sur lui de se calmer, sa maladie pourrait durer très-longtemps encore; don Gregorio qui naturellement avait hâte de guérir se décida à suivre ses conseils; de sorte que son état ne tarda pas à s'améliorer, et que bientôt il entra en convalescence.

Il était presque guéri, et déjà il entrevoyait le moment où il lui serait permis de reprendre ses recherches; son médecin ne lui demandait plus que cinq ou six jours de repos afin que ses forces fussent complétement remises, lorsqu'un matin don Gregorio vit entrer chez lui master John Estor en tenue de voyage.

— Je viens vous faire mes adieux, señor don Gregorio, fit l'ex-chef de la police en s'installant dans un fauteuil à disque.

— Vous partez? s'écria don Gregorio avec surprise.
— Dans une heure.
— Il y a donc du nouveau?
— Beaucoup.
— Au sujet de Rosario ou de Luis?

— De l'un et de l'autre.

— Vous allez me mettre au fait, n'est-ce pas? s'écria-t-il avec émotion.

— Je viens exprès pour cela, calmez-vous donc, je vous prie.

— Je suis calme, señor John Estor, très-calme, je vous jure.

L'Américain sourit avec bonhomie.

— Soit, dit-il, je vous avertis que si vous me trompez, ce sera tant pis pour vous.

— Pourquoi cela?

— Parce que, si vous vous laissez aller à votre émotion, vous aurez la fièvre; que cette fièvre amènera peut-être des complications; et qu'au lieu de vous mettre en route dans quatre ou cinq jours, comme il est important que vous le fassiez, vous serez obligé de garder le lit, Dieu sait pendant combien de temps; car une rechute est toujours terrible, et que tout sera remis en question; c'est-à-dire que peut-être perdrons-nous définitivement les traces du jeune homme que vous voulez sauver!

— Le ciel me préserve d'un semblable malheur, señor John Estor! répondit-il; mais soyez tranquille, cela n'arrivera pas; je réponds de moi, quoi que vous me disiez, je demeurerai froid.

— Vous en êtes sûr?

— Je vous le promets.

— Puisqu'il en est ainsi, je n'hésite plus; écoutez-moi donc.

— Je suis tout oreilles.

— Voici les faits : le fils de votre ami a été vendu comme esclave par son parent lui-même, à un riche planteur des environs de Saint-Louis du Missouri.

— Vous êtes certain de cela?

— Voici les preuves dit-il en posant une liasse de papiers ; sur une table ; vous aurez tout le temps de parcourir ces actes plus ou moins légaux, lorsque vous serez seul. Voici comment la chose s'est passée ; don Miguel Tadeo a emmené le jeune homme à Saint-Louis, là il lui a fait prendre un narcotique et, pendant son sommeil, il a été vendu et conduit sur la plantation ; c'est presque toujours ainsi que l'on procède ; c'est simple, comme vous voyez.

— Et infâme ! dit don Grégorio d'une voix sourde.

— Je partage entièrement votre avis ; mais permettez-moi de vous faire observer que nous n'avons pas à discuter le plus ou moins de moralité ou de légalité de cette vente ; le point important pour nous, c'est de la faire annuler ; ce qui, si vous vous y prenez bien, sera facile.

— Comment dois-je faire pour obtenir ce résultat?

— Vous avez les papiers du jeune homme, je suppose?

— Tous et parfaitement en règle.

— Tant mieux, alors cela marchera tout seul ; d'autant plus que le gouvernement est excessivement sévère pour ces actes odieux ; seulement il n'y a pas un instant à perdre, parce que le jeune homme serait dépaysé, et alors il vous serait impossible de le retrouver.

— Comment, dépaysé?

— Oui, c'est-à-dire qu'on l'enverrait sur une plantation éloignée située dans un autre État, comprenez-vous ; de sorte qu'en supposant que vous finissiez par le découvrir, il vous faudrait des années pour obtenir justice ; et encore !

— Vous m'effrayez, master John Estor.

— Telle n'est pas mon intention, cher señor ; je vous dis les choses comme elles sont, afin que vous sachiez à quoi vous en tenir, voilà tout.

— Fort bien, continuez.

— Par votre consul vous obtiendrez un ordre qui vous permettra de requérir le marshall de Saint-Louis ; ce magistrat saura ce qu'il y aura à faire ; votre rôle se bornera à reconnaître le jeune homme dès qu'il sera retrouvé.

— Pas autre chose ?

— Non, laissez agir le marshall ; il a l'habitude de ces sortes d'affaires.

— Très-bien, maintenant quel est le planteur qui a acheté le malheureux enfant ?

— C'est un certain Josuah Lewis, un drôle cousu de mauvaises affaires, possédant une fortune colossale, gagnée on ne sait comment ; il est très-redouté à Saint-Louis, où il jouit du reste de la plus exécrable réputation ; il est probable qu'il vaut encore moins qu'elle.

— C'est le portrait d'un scélérat que vous me faites là ?

— C'est vrai, et même au lieu de l'enlaidir, je l'ai embelli ; réglez-vous là-dessus : en somme, malgré sa fortune, c'est un bandit de la pire espèce ; un gredin de sac et de corde, qui n'hésite devant rien, et avec lequel il ne faut reculer devant aucune extrémité.

— Je ferai mon profit de vos renseignements.

— L'habitation de ce Josuah Lewis est immense, il occupe plus de quinze cents nègres; elle se nomme la Pierre Noire, *Black-Stone*, et n'est éloignée que de trois lieues ou trois lieues et demie de Saint-Louis; du reste, tous ces renseignements et bien d'autres encore sont dans les papiers que je vous apporte; je les ai écrits exprès pour vous; vous n'aurez qu'à les suivre à la lettre.

— Je n'y manquerai pas; est-ce tout?

— Absolument tout.

— Maintenant passons à la seconde question, vous partez?

— Dans une heure, je vous l'ai dit, par le steamboat.

— Où allez-vous?

— A Saint-Louis du Missouri tout droit, sans m'arrêter.

— Mais alors? fit don Grégorio.

— Quoi donc?

— Rien ne vous est plus facile que de retarder votre voyage de trois ou quatre jours; nous partirons ensemble.

— Je le voudrais, mais c'est impossible pour deux raisons.

— Lesquelles?

— La première, c'est que je suis une piste et que je vais tenter un coup de partie; la plus légère imprudence me perdrait; j'ai affaire à un homme excessivement fin, avec lequel il va me falloir lutter de ruse et d'astuce; si l'on nous voyait ensemble, tout serait perdu; la seconde, c'est que ce n'est pas John Estor qui part, mais un individu quelconque, avec lequel votre position dans le monde vous défend toute relation.

— Que me contez-vous là, cher ami?

— La vérité, en vous quittant, je rentre chez moi, je me transforme, et je vous jure que si vous me rencontrez, vous ne me reconnaîtrez pas.

— Et de Saint-Louis, où allez-vous?

— Ah! quant à cela, je l'ignore; vous m'en demandez trop, señor; je suis la piste de notre homme: où il ira, j'irai.

— C'est juste; excusez-moi.

— En arrivant à Saint-Louis, j'annoncerai votre visite prochaine au marshall; vous serez bien reçu quand vous le verrez, rapportez-vous-en à moi pour cela.

— Je ne sais réellement comment vous remercier?

— En me donnant une bonne poignée de main.

— Oh! de grand cœur!

— Et notre ami, si je le vois avant vous, que lui dirai-je?

— Que j'agis de mon côté et que je le rejoindrai le plus tôt possible, c'est-à-dire quand j'aurai réussi.

— C'est convenu; maintenant je me sauve.

— Déjà!

— Il le faut!

— Allez donc, mon ami, et bonne chance; mais d'abord embrassons-nous.

Les deux hommes se tinrent un instant pressés dans les bras l'un de l'autre.

— Je vous renvoie votre souhait, don Grégorio ; Dieu veuille que chacun de notre côté nous réussissions.

— Oui, Dieu le veuille !

— Adieu ! adieu !

— Au revoir.

Et il sortit, tout courant.

Lorsque don Gregorio se trouva seul, il demeura pendant quelques instants replongé dans ses réflexions ; puis il attira à lui la liasse de papiers laissée par John Estor, il la défit et se mit à lire.

Cette lecture dura plusieurs heures.

Douze jours après le départ de l'ancien chef de la police secrète, don Gregorio arrivait à Saint-Louis-du-Missouri ; il était accompagné du consul du Chili qui avait tenu à venir avec lui, au cas où il se présenterait quelques difficultés imprévues.

Les deux voyageurs s'installèrent dans un hôtel assez confortable ; puis, comme ils ne voulaient pas perdre un instant, ils se firent indiquer la demeure du marshall et s'y rendirent.

Ce magistrat était jeune encore, bien fait, d'une physionomie avenante et de manières distinguées ; c'était un *true gentleman* dans la plus complète acception du mot.

Il accueillit les visiteurs de la façon la plus charmante ; prit connaissance des papiers qu'ils lui présentèrent, et lorsque les premiers compliments furent terminés, il leur dit en leur offrant des cigares et des cigarettes :

— Messieurs, je n'ai, je dois vous l'avouer, lu les papiers dont vous êtes porteurs que pour la forme ; votre visite m'a été annoncée par un de mes plus anciens et de mes meilleurs amis, qui vous a si chaudement recommandé à moi, que je n'ai qu'un mot à vous dire : je suis à vous. Vous voyez, messieurs, que je vous attendais ; par conséquent, considérez-moi, non pas comme un ami, notre connaissance est de trop fraîche date pour que j'ose ambitionner un tel titre, mais comme un homme disposé à faire tout ce que vous désirerez.

— Vous nous comblez, monsieur, dit don Gregorio avec effusion. L'affaire pour laquelle nous venons réclamer votre concours est tellement hérissée de difficultés, que nous ne saurions que nous féliciter d'avoir un auxiliaire tel que vous.

— Cette affaire, fort grave à la vérité, répondit le marshall en souriant, n'est peut-être pas si difficile à mener à bien que vous le supposez.

— Nous avons affaire à bien forte partie, monsieur !

— C'est vrai, monsieur ; mais vous avez pour vous le droit des gens, indignement violé, et l'appui des lois. Mais, tenez, parlons franc ; je ne veux pas plus longtemps prolonger votre inquiétude ; je vous ai dit que vous m'aviez été chaudement recommandé par un de mes amis.

— Et le mien, monsieur, dit en s'inclinant don Gregorio.

— Eh bien, continua le marshall, je me suis fait expliquer cette affaire dans tous ses détails par mon ami; puis, comme j'avais quelques jours devant moi, et que je tenais surtout à vous être agréable, je me suis mis à l'œuvre.

— Eh quoi, monsieur, vous avez poussé l'obligeance?..

— Jusqu'à faire mon devoir? certes, monsieur. Or, écoutez bien ceci : je savais que, depuis quelques jours, une fermentation extrême existait parmi les Noirs de l'habitation de M. Josuah Lewis ; je fis surveiller l'habitation par des *détectives* adroits. J'appris que cette fermentation était excitée par un jeune esclave sang-mêlé, nouvellement arrivé sur la plantation, qui prétendait être de race blanche, et avoir été vendu comme esclave par suite d'une odieuse machination dont on l'avait rendu victime.

— C'était Luis, le fils de mon ami! s'écria vivement don Gregorio. Oh! si seulement je pouvais le voir!

— Attendez; dit doucement le marshall avec un fin sourire.

— C'est juste; pardonnez-moi, monsieur. Mais si vous saviez, si vous pouviez savoir...

— Patience, monsieur !

— Calmez-vous, mon ami, je vous en supplie, lui dit le consul ; laissez monsieur le marshall nous expliquer ce qu'il a cru devoir faire.

— Oui, vous avez raison, je suis fou... Allez, allez, monsieur, je ne dirai plus rien, je suis muet.

Le marshall sourit et continua :

— Il y a trois jours, je fus averti, par un de mes agents, que la fermentation augmentait dans de telles proportions, que, si elle continuait ainsi, elle ne tarderait pas à se changer en révolte. Je pris alors mes précautions, afin d'être prêt à tout événement ; en effet, hier matin, j'appris que la révolte venait définitivement d'éclater dans des conditions terribles. Je fis aussitôt monter à cheval six brigades d'agents ; je me mis à leur tête, et je me dirigeai en toute hâte vers l'habitation.

Il était temps que j'arrivasse. Les révoltés étaient presque maîtres de la plantation. Master Josuah Lewis, son majordome et quelques noirs, restés fidèles, s'étaient barricadés dans un pavillon isolé et faisaient un feu terrible par les fenêtres sur les révoltés, qui essayaient de s'emparer du pavillon et d'y mettre le feu.

En m'apercevant master Josuah Lewis jeta un cri de triomphe. Quant aux révoltés, ils poussèrent des hurlements de terreur et s'enfuirent dans toutes les directions, en abandonnant leurs armes ; ou du moins les bâtons, les haches, les couteaux et les pierres qui leur en tenaient lieu.

Un seul, un jeune homme de vingt ans à peine, armé d'une hache qu'il maniait avec une adresse remarquable, n'imita pas la lâche conduite des autres révoltés et continua bravement à combattre.

Ce jeune homme, que cependant je n'avais jamais

vu, je le reconnus au premier coup d'œil : c'était celui qui m'était recommandé.

Je m'avançai vers lui, et, me faisant connaître, je lui ordonnai de jeter sa hache et de se laisser arrêter.

— Soit, monsieur, me dit-il fièrement ; vous êtes magistrat ; je me rends à vous ; car je demande en vain justice, et je suis convaincu que vous me la ferez obtenir.

— Justice sera faite ; lui dis-je.

Dix minutes plus tard, tous les noirs étaient rentrés dans le devoir et la paix était rétablie.

Je dis rapidement à mon prisonnier : Pas un mot, laissez-moi faire, je viens de la part de don Gregorio.

Le jeune homme me regarda avec surprise, je posai un doigt sur mes lèvres, et je me hâtai d'aller au-devant de master Josuah Lewis qui avait quitté son pavillon et se dirigeait vers moi en toute hâte.

Master Josuah me remercia chaleureusement du secours que je lui avais apporté si providentiellement ; me dit que sans moi, ses esclaves révoltés l'auraient tué ; me fit les offres les plus brillantes que je déclinai, bien entendu, et il me demanda si j'avais arrêté beaucoup de ces misérables noirs, je répondis négativement.

— C'est égal, me dit-il, ce sont des brutes, je ne leur en veux pas trop ; mais il en est un, le chef du complot, le misérable qui a dirigé la révolte, celui-là payera pour tous ; je lui réserve un châtiment exemplaire ! rien ne pourra le soustraire à ma vengeance !

En ce moment il aperçut mon prisonnier.

— Ah! ah! dit-il en s'avançant vers lui les regards étincelants et la cravache levée. Le voilà! ah! misérable, nous allons régler nos comptes.

— Pas devant moi, lui dis-je, en lui arrêtant le bras.

Le prisonnier n'avait pas fait un mouvement, il regardait son maître avec une expression d'écrasant mépris ; celui-ci rugissait de fureur.

— C'est bon, dit-il entre ses dents, il ne perdra pas pour attendre.

Et se tournant vers son majordome qui se tenait immobile à ses côtés, son redoutable courbache en peau d'hippopotame à la main :

— Faites mettre ce misérable aux ceps, les jambes croisées, dit-il, nu sur un lit de feuilles de cactus, les bras attachés derrière le dos; allez, et hâtez-vous.

Le majordome fit signe à deux noirs de s'approcher et de se préparer à obéir.

— Pardon, dis-je au majordome en l'arrêtant ; cet homme est mon prisonnier, je vous défend d'y toucher.

— Qu'est-ce à dire? s'écria master Josuah avec menace ; je suppose que vous faites erreur, master marshall.

— Pas le moins du monde, répondis-je.

— Cet homme est mon esclave, il m'appartient, reprit-il avec emportement ; j'ai tous droits sur lui, même celui de le tuer ; personne ne peut m'empêcher de le châtier.

— Je ne vous empêche pas de le châtier, master

Josuah, répondis-je froidement ; je suis prêt, au contraire, à vous prêter main forte, s'il est coupable.

— Vous demandez s'il est coupable ? s'écria-t-il en frappant du pied avec colère ; lui qui a fait révolter mes nègres et s'est mis à leur tête ! lui qui a voulu me tuer et qui l'aurait fait, si vous n'étiez pas arrivé !

— Vous êtes certain que cet homme est bien réellement le chef de la révolte, master Josuah ?

— Certes, je l'affirme, master marshall, et je l'affirmerais, s'il le fallait, devant tous les magistrats de l'État.

— Très-bien, master Josuah ; messieurs, vous êtes témoins ; maintenant, messieurs, à cheval, hâtons-nous ; il faut que cet homme soit avant une heure renfermé dans la prison du comté.

— Hein ! qu'est-ce que vous dites ? s'écria master Josuah, en frémissant de colère, est-ce que vous prétendriez m'enlever mon esclave ?

— Je ne vous enlève pas votre esclave, je le conduis simplement à la prison du comté.

— De quel droit voulez-vous l'enlever ?

— Du droit que me donne la loi.

— La loi ? la loi, n'a rien à voir dans tout ceci ; mon esclave est à moi, personne ne peut l'enlever de dessus ma plantation.

— Vous vous trompez, master Josuah ; répondis-je posément, votre esclave est à vous, c'est votre bien, votre propriété, je le reconnais ; je n'ai nullement l'intention de vous l'enlever.

— Eh bien ! alors ? s'écria-t-il en frappant du pied avec colère.

— Le code noir qui régit l'esclavage, vous accorde le droit de justice sur vos esclaves, pour tout ce qui regarde les cas de discipline intérieure ou privée ; mais lorsqu'il s'agit comme dans la question présente de révolte et rébellion à main armée, le code noir dit textuellement ceci : tout esclave qui sera reconnu coupable du crime de révolte ou rébellion à main armée contre son maître et légitime possesseur sera immédiatement livré aux autorités compétentes du comté, pour en être fait bonne et prompte justice ; à l'effet de servir d'exemple aux autres esclaves qui laisseraient voir l'intention de commettre d'autres désordres ; le maître du dit esclave sera indemnisé, s'il y a lieu de le faire ; -voilà, master Josuah, en vertu de quelle loi je procède ; veuillez donc, je vous prie, me livrer passage, afin que je puisse enmener mon prisonnier.

— Vous ne partirez pas, Dieu me damne ! s'écria-t-il en proie à une rage furieuse ; ce rascal ne sortira pas de mes domaines !

— Prenez garde, master Josuah ! vos paroles ont sonné mal à mon oreille ; voudriez-vous faire de la rébellion, vous aussi ? Emmenez le prisonnier, dis-je à mes agents.

Ceux-ci obéirent aussitôt ; le prisonnier fut garrotté avec un grand luxe de précautions apparentes et placé sur un cheval, derrière un agent.

Master Josuah écumait de rage ; il était littéralement

vert; il grinçait des dents, prononçait des paroles sans suite, mais, en somme, la force était pour moi; il ne fit aucune opposition aux ordres que j'avais donné.

— En route! criai-je à mes gens.

— Nous verrons, me dit master Josuah, d'une voix frémissante; moi aussi, je vais à Saint-Louis.

— A votre aise, répondis-je.

Et je partis.

Un peu avant que d'entrer en ville, master Josuah me dépassa; il galopait comme un furieux.

— A bientôt! me cria-t-il d'un air de menace, en passant près de moi.

Je haussai les épaules sans répondre, et continuai paisiblement mon chemin.

Vous comprenez bien que je ne m'étais pas risqué à tenter une telle expédition sans prendre mes précautions à l'avance; j'avais consulté le gouverneur et le *chief-justice* à qui j'avais raconté l'affaire dans tous ses détails, en leur disant qui m'avait fourni tous ces renseignements; ces honorables gentlemen étaient indignés; Josuah Lewis est bien connu ici depuis longtemps; on sait ce dont il est capable; le gouverneur et le chief-justice n'avaient donc aucun doute sur la culpabilité et l'odieuse machination, dont le malheureux enfant avait été victime; cependant ils hésitaient, votre absence et le manque d'ordres leur donnaient fort à penser; ce que je voulais faire était, il faut en convenir, fort irrégulier; puisque je n'avais aucune preuve à l'appui de l'accusation que je portais contre un personnage très-riche et très-influent, si mauvaise que fût d'ailleurs sa réputation.

Mais je levai tous les doutes, et fis cesser toutes les hésitations de ces honorables gentlemen, en leur affirmant que vous arriveriez ici sous deux jours, muni de toutes les pièces nécessaires ; qu'il y avait urgence à agir immédiatement ; et que finalement j'assumais sur moi la responsabilité de tout ce qui serait fait.

Le gouverneur et le chief-justice se rendirent alors, et ils me donnèrent carte blanche.

Lorsque master Josuah Lewis se présenta au gouverneur, celui-ci le reçut fort mal et le renvoya au chief-justice, qui le reçut plus mal encore ; et lui conseilla dans son propre intérêt de se taire, et surtout de ne rien tenter, parce que cela pourrait tourner fort mal pour lui ; que j'avais fait mon devoir, et que je n'avais pas agi sans avoir en mains toutes les preuves irrécusables du crime qui avait été commis ; que jusqu'à ce moment on ne l'accusait point, qu'on le supposait la dupe de misérables qui auraient abusé de sa loyauté ; mais que dans la situation où il se trouvait, il était de la plus haute importance pour lui de ne pas attirer trop fortement les regards de la justice sur cette affaire.

Master Josuah Lewis était loin d'avoir la conscience aussi nette qu'il voulait le faire croire ; il comprit à demi-mot, baissa la tête, et, sans insister davantage, il prit congé et retourna en maugréant à sa plantation ; il avait senti que la justice était plus instruite qu'il ne le supposait; et qu'il était important pour lui d'agir avec la plus extrême prudence.

Que pensez-vous de tout cela, messieurs?

— Nous pensons, monsieur, que vous avez agi en homme de cœur et d'intelligence; nous vous remercions sincèrement de votre généreuse initiative.

— Je ne sais comment il me sera possible de m'acquitter jamais envers vous, monsieur, dit don Gregorio avec effusion.

— Ne parlons pas de cela, monsieur; j'ai fait mon devoir.

— Et ce malheureux enfant, où est-il?

— Rassurez-vous, il est en prison, mais traité avec tous les égards auxquels il a droit; avant une heure il vous sera rendu.

— Pauvre enfant! soupira don Gregorio.

— Maintenant, messieurs, il faut, s'il vous plaît, que vous preniez la peine de m'accompagner chez le gouverneur et chez le chief-justice, afin de remplir les dernières formalités nécessaires à la mise en liberté de notre intéressant prisonnier.

— Nous sommes prêts à faire tout ce que vous désirerez, monsieur.

— Me permettez-vous de vous donner un conseil, messieurs?

— Parlez, monsieur.

— Eh bien, croyez-moi, lorsque le jeune homme vous sera rendu, n'intentez aucune action; le pays est depuis quelque temps dans un état de fermentation extraordinaire ; nous sommes peut-être à la veille de grands et terribles événements ; vous êtes étrangers, soyez prudents.

— C'est notre intention, monsieur.

— Il est bien entendu, dit en riant le marshall, que si vous êtes attaqués, vous avez le droit de vous défendre.

— Que voulez vous dire, monsieur ?

— Mon Dieu ! tout simplement qu'il faut s'attendre à tout de la part d'un misérable de l'espèce de Josuah Lewis, et qu'il est parfaitement capable de vous tendre quelque piége.

— Nous nous tiendrons sur nos gardes, monsieur.

— Et vous aurez raison ; dans tous les cas, vous voilà prévenus, agissez en conséquence.

On se leva et on sortit.

Le gouverneur et le chief-justice reçurent fort bien les deux étrangers, ils se félicitèrent d'avoir autorisé le marshall à agir à sa guise, toutes les formalités furent remplies, et après force compliments, on se sépara.

Le marshall conduisit alors le consul et don Gregorio à la prison, et après avoir fait lever l'écrou, il ordonna au directeur de faire amener le prisonnier.

L'entrevue de don Gregorio et de don Luis fut on ne plus attendrissante, ils se jetèrent en pleurant dans les bras l'un de l'autre et demeurèrent longtemps embrassés.

Don Gregorio était radieux ; un des deux enfants de son ami était sauvé ; la moitié de sa tâche était accomplie.

Don Gregorio avait eu la précaution de faire apporter

des vêtements convenables au rang que le jeune homme occupait dans la société ; sur l'invitation de son ami, don Luis s'en revêtit aussitôt.

Tous les assistants furent émerveillés du changement que ces vêtements opérèrent en lui ; il semblait transformé, c'était un tout autre homme.

Quant au jeune homme, la joie le rendait fou ; il riait et pleurait à la fois ; il n'osait encore croire à sa délivrance, et adressait à ses sauveurs les questions les plus singulières et parfois les plus étranges.

C'est que la transition avait été brusque, presque brutale.

Lui, un instant auparavant esclave, c'est-à-dire une espèce de bête de somme que l'on pouvait battre et torturer à sa guise ; qui n'était même pas considéré comme un homme, n'ayant ni le droit de penser, ni celui d'agir : il devait se courber humblement sous le courbache du majordome, et tendre le dos aux verges, sans avoir le droit de pousser une plainte, ni d'adresser une prière à ses bourreaux ; condamné par le fait même de cet esclavage hideux, à être pour jamais rayé du livre de vie, et à végéter comme une brute au milieu d'êtres atrophiés par cette misérable existence ; puis tout à coup, en quelques secondes à peine, les liens qui le garrottaient et lui entraient dans la chair étaient tombés, les hideuses guenilles qui le recouvraient à peine avaient disparu ; il se retrouvait tel qu'il avait été jadis ; il avait d'un seul coup reconquis tous ses droits ; il était enfin un homme comme les autres ; il pouvait penser, parler, rire ou pleurer, sans avoir à redouter une dégradante insulte ; il était libre !

Ce mot, c'était pour lui la vie, le bonheur ; il le répétait avec des cris et des sanglots dont ses amis étaient effrayés ; fort contre l'infortune et la souffrance, il avait désespérément lutté sans se décourager jamais, pour reconquérir cette liberté qu'il possédait par un miracle providentiel et inespéré ; maintenant il succombait sous le poids de son bonheur, et ne se sentait pas assez fort pour le supporter.

— Oh ! s'écria-t-il tout à coup, ces murs m'étreignent de trop près, ils m'enlèvent la respiration ; mes poumons manquent d'air sous ces voûtes funèbres ; sortons, mes amis, sortons, que je voie le soleil ; que mes poumons se gonflent enfin du souffle de la liberté.

Et il s'élança au dehors.

Ses amis le suivirent attendris et souriants.

XI

COMMENT DON LUIS IMPROVISA UN PROLOGUE A L'OPÉRA DE : I PURITANI

Don Gregorio Peralta avait hâte de quitter Saint-Louis, et si cela n'eût dépendu que de lui, il serait parti le soir même pour retourner à la Nouvelle-Orléans.

Malheureusement cela était impossible, et il n'y fallait pas songer ; quoique au point de vue commercial il régnât une grande activité sur le fleuve et que les relations entre Saint-Louis et la Nouvelle-Orléans fussent journalières, au point de vue des voyageurs et des touristes il n'en était pas de même ; à moins de s'embarquer sur les immenses chalands chargés de marchandises qui descendaient le Missouri, et de se résigner à tous les ennuis, tous les embarras et toutes les lenteurs de cette navigation, il fallait prendre son parti d'un séjour d'une huitaine de jours dans la ville, et attendre le départ du steamboat qui, le lundi de chaque semaine, se rendait à la Nouvelle-Orléans chargé de passagers.

Don Gregorio Peralta était arrivé un mardi à Saint-Louis, c'était donc une semaine tout entière qu'il lui fallait séjourner dans la ville ; le chasseur s'y résigna d'autant plus facilement qu'il savait que don Luis n'avait rien à redouter officiellement de son ancien maître ; que sa position était nette, et qu'en cas de besoin, il trouverait un appui efficace auprès des autorités du pays, très-décidées à s'opposer à tout guet-apens et à toute violence de la part de master Josuah Lewis.

D'ailleurs le planteur semblait résigné à la perte de son soi-disant esclave ; l'affaire avait fait beaucoup de bruit ; il avait été généralement blâmé ; et, depuis l'insuccès de ses démarches auprès du gouverneur et du chief-justice, il était retourné à son habitation et ne donnait plus signe de vie.

Don Gregorio Peralta avait de trop grandes obligations au marshall, celui-ci s'était conduit dans toute l'affaire de la délivrance de don Luis de Prébois-Crancé avec trop de courtoisie et de dévouement, pour qu'il n'eût pas en lui la plus entière confiance, et hésitât à lui révéler dans leurs plus intimes détails les motifs de son voyage aux États-Unis, et ce qui lui était arrivé à la Nouvelle-Orléans.

Un jour qu'après déjeuner ils causaient, les coudes sur la table, en dégustant un délicieux café et fumant d'excellents havanes, la conversation se fit peu à peu plus intime, et bientôt prit une tournure très-intéressante.

— Ainsi, monsieur, lui dit le marshall, vous connaissez ce fameux coureur des bois que les Peaux-Rouges et les chasseurs ont surnommé le Chercheur-de-Pistes ?

— Certes, je le connais beaucoup ; nous sommes intimement liés depuis près de vingt-cinq ans ; je vous ai dit que le père de don Luis était son frère de lait...

— Oui, interrompit le marshall, vous m'avez raconté cette histoire intéressante. Il faut avouer que ce Valentin Guillois est un homme bien étrange ! lui et son ami l'Indien Curumilla jouissent d'une réputation immense dans toutes les prairies, où ils sont adorés et respectés de tous les chasseurs ou trappeurs blancs et des Peaux-Rouges.

— Est-ce que vous les connaissez ?

— Qui ne connaît pas Valentin Guillois et Curumilla ! s'écria le marshall, ils possèdent une fortune colossale ; le plus riche banquier de Saint-Louis a chez lui en compte courant plus de deux millions de dollars qui leur appartiennent, et il n'est pas le seul chez qui ils ont déposé des fonds ; j'ai vu plusieurs fois ces deux hommes remarquables, j'ai même l'honneur d'être leur ami ; ils nous ont été d'un grand secours lors de certains démêlés que nous avons eus avec les Peaux-Rouges ; démêlés dont nous n'aurions su comment sortir si, grâce à son influence sur les Indiens, Valentin Guillois n'avait réussi à détruire les obstacles qui s'opposaient à une entente amiable.

— Je suis bien heureux d'apprendre ce que vous me dites, monsieur.

— Oh ! ces deux hommes sont fort aimés à Saint-Louis ; lorsque l'on saura que le charmant jeune homme que nous avons réussi à délivrer, est presque leur fils adoptif, il trouvera de nombreux défenseurs dans la population, et master Josuah Lewis fera bien de se tenir tranquille.

— Soyez certain que mon premier soin, aussitôt que je verrai mon ami Valentin, sera de lui faire part des bons sentiments dont on est ici animé envers lui.

— Comptez-vous donc revoir bientôt Valentin Guillois, cher monsieur ?

— Mais oui, fit don Gregorio en souriant, aussitôt que j'aurai terminé certaines affaires à la Nouvelle-Orléans, ce qui ne sera pas long, je me hâterai d'aller le rejoindre.

— Vous savez donc où le trouver ?

— Parfaitement, nous avons pris rendez-vous ensemble.

— Y aurait-il indiscrétion à vous demander à quel endroit se trouve ce rendez-vous ?

— Pas le moins du monde, car je suis convaincu que l'intérêt que vous voulez bien me porter vous engage seul à m'adresser cette question.

— Vous m'avez bien compris, monsieur.

— Nous devons nous rencontrer dans les montagnes Rocheuses, entre la rivière du Vent et la rivière Rouge, dans un endroit nommé le *Voladero de l'Ours gris.*

— Hum ! fit le marshall en riant, voilà bien un rendez-vous à l'indienne ; est-ce que vous connaissez l'endroit ?

— Moi ! comment le connaîtrais-je ? je ne suis jamais allé dans les prairies.

— Ah ! diable ! ce n'est pas facile alors, car vous ne trouverez ni chemins de fer, ni steamboats, ni diligences pour vous conduire.

— C'est probable, fit don Gregorio en souriant. Je compte recruter un certain nombre de coureurs des bois, qui me renseigneront et m'indiqueront ce Voladero de l'Ours gris, ils doivent le connaître, eux ?

— Quelques-uns d'entre eux, tout au moins, quoique les montagnes Rocheuses soient encore très-peu fréquentées et par conséquent presque inconnues ; combien comptez-vous enrôler de coureurs des bois ?

— Une centaine.

— Tant que cela ? cela vous coûtera un argent fou.

— Que voulez-vous, j'en passerai par là ; vous savez quelle est l'expédition entreprise par Valentin Guillois, elle est très-difficile et surtout très-périlleuse ; je ne l'ai pas vu depuis longtemps, j'ignore donc complétement dans quelle situation il se trouve. Peut-être est-il arrêté faute de forces suffisantes ; eh bien, ces forces, je les lui amènerai.

— Vous avez raison, cher señor ; votre pensée est excellente ; ainsi vous allez recruter une troupe de coureur des bois ?

— Oui, aussitôt arrivé à la Nouvelle-Orléans, ce sera mon premier soin.

— Pourquoi à la Nouvelle-Orléans ?

— Dame ! il me semble que dans une grande ville

comme celle-là, je trouverai plus facilement et surtout plus promptement mon affaire, que dans une ville moins grande et moins commerçante.

— Comme Saint-Louis, par exemple ?

— Comme Saint-Louis, si vous voulez?

— Eh bien, cher monsieur, vous êtes dans l'erreur la plus complète et la plus dangereuse.

— Moi, monsieur?

— Oui, cher monsieur, veuillez m'écouter.

— Je ne demande pas mieux.

— Savez-vous ce que vous trouverez à la Nouvelle-Orléans ?

— Mais les hommes que je cherche, probablement.

— Nullement. Vous trouverez des gens de sac et de corde, des bandits de la pire espèce ; oh ! cela à foison ; il n'en manque pas, au contraire, il n'y en a que trop ; mais pas un seul coureur des bois ni un seul chasseur.

— Pourquoi donc?

— Oh! pour une raison bien simple, c'est qu'il n'y en a pas ; les coureurs des bois ne se hasardent jamais dans l'intérieur du pays civilisé, à moins d'urgence extrême, ils ne fréquentent que les villes frontières, où ils ne viennent que pour trafiquer, c'est-à-dire vendre leurs pelleteries et acheter les provisions dont ils ont besoin.

— Vous devez avoir raison, en effet.

— J'ai raison, certainement.

— Ainsi vous pensez, monsieur, que je puis enrôler ici tous les coureurs des bois dont j'ai besoin?

— J'en suis sûr ; il vous faudra quelque temps, par

exemple; cent hommes comme ceux qu'il vous faut, c'est-à-dire, honnêtes, fidèles et résolus, ne sont pas faciles à trouver; il vous faudra plusieurs jours, mais en leur disant que c'est pour aider Valentin Guillois dans une expédition, ils accepteront avec joie vos conditions.

— Ainsi vous consentez à m'aider encore dans cette affaire?

— Certes, et de tout cœur; nous nous mettrons à l'œuvre quand il vous plaira.

— Je suis à vos ordres.

— Très-bien, mais d'abord convenons de nos faits afin d'éviter tout malentendu à venir; vous comptez retourner à la Nouvelle-Orléans?

— Il le faut absolument.

— Voici donc ce que nous allons faire : nous profiterons des quelques jours que vous avez encore à passer ici, pour enrôler le plus d'hommes possible; vous connaissez les conditions d'enrôlement?

— Pas le moins du monde; je vous serai obligé de me les faire connaître.

— Les voici : cent dollars par mois et deux cents dollars d'avance au cas où ils seraient enrôlés pour trois mois. Seulement, comme vous voulez des hommes choisis, je vous conseille de ne pas chicaner sur le prix et même, si cela vous est possible, de leur donner un peu plus.

— Qu'à cela ne tienne, cher monsieur, je leur donnerai cent cinquante dollars par mois et trois cents dollars d'avance et, de plus, une prime de cent dollars à chacun, aussitôt l'expédition terminée; l'enrôlement sera fait pour trois mois; la solde et la prime seront acquises aux chasseurs, quand même l'expédition se terminerait avant les trois mois révolus.

— Ces conditions sont superbes et, à ce prix, je vous réponds que je vous trouverai les hommes qu'il vous faut, seulement je vous avertis que cela vous coûtera cher, réfléchissez-y, cela fait une somme nette de cinquante-cinq mille dollars.

— Peu importe la somme; le principal pour moi est de réussir; don Luis, Valentin Guillois et moi nous sommes riches.

— Parfait, c'est entendu; il est inutile que vous reveniez ici; au fur et à mesure que les hommes seront enrôlés, je leur indiquerai un rendez-vous où vous les trouverez vous attendant.

— Vous me comblez, réellement.

— Eh! non, j'essaye de vous être utile, voilà tout; et puis, je vous le répète, vous m'avez été très-chaudement recommandé, et je tiens à ce que vous soyez content de moi.

— Il est important que ce rendez-vous se trouve aux environs du lieu où nous devons nous rendre.

— Ou du moins n'en soit pas trop éloigné, je ne vois qu'un seul point convenable.

— Lequel?

— C'est un comptoir de traite situé dans l'État de Minosota, où il vous sera facile de compléter votre troupe au cas où nous n'aurions pu le faire ici.

— Comment nommez-vous ce comptoir de traite?

— Fort-Snelling ; c'est une petite ville à moitié indienne encore, où il se fait un grand commerce de pelleteries ; elle est bâtie en plein territoire peau-rouge ; à l'extrême limite de la région des hautes herbes ; elle n'est éloignée que de cinquante lieues au plus des montagnes Rocheuses et dans les environs de la rivière Rouge.

— Bravo ; l'endroit est parfaitement choisi ; mais comment m'y rendrai-je, moi, de la Nouvelle-Orléans?

— Oh! très-facilement, les communications ne laissent rien à désirer ; les chemins de fer et les bateaux à vapeur vous conduiront à quelques lieues de Fort-Snelling ; vous pourriez repasser par ici, mais cette route serait la plus longue et vous ferait perdre trop de temps ; d'autant plus que vous êtes pressé.

— Très-pressé ; je vais donc vous donner un bon de soixante mille piastres sur mon banquier de la Nouvelle-Orléans, MM. Arthur Wilson Rouquette et Blondeau ; bon que mon ami, le consul chilien endossera, et nous nous mettrons immédiatement à notre affaire de recrutement.

— Parfait, c'est de l'or en barre ; mais pourquoi soixante mille dollars, c'est beaucoup trop, il me semble.

— Non pas, chaque homme devant se munir d'un cheval ; vous leur distribuerez une prime d'engagement de cinquante dollars à chacun, afin de les aider à couvrir leurs premiers frais.

— Très-bien ! On ne fait pas plus largement les choses ; voilà comment les affaires les plus difficiles réussissent ; voici plume, encre et papier, écrivez-moi le bon.

Don Gregorio écrivit, puis il passa la plume au consul qui avait assisté, sans desserrer les dents, à cette conversation, et qui endossa le bon sans se faire prier.

— Là, voilà qui est fait, dit le marshall en serrant le bon dans son portefeuille, nous passerons chez un banquier et de là nous irons visiter les comptoirs ; c'est précisément la saison où les chasseurs viennent s'approvisionner pour les grandes chasses d'hiver ; nous sommes certains d'en enrôler aujourd'hui même.

On se leva.

— N'oubliez pas, monsieur le consul, dit le marshall, que ce soir à six heures précises nous dînons ensemble, nous allons ensuite au théâtre entendre l'opéra *I Puritani.*

— C'est convenu, monsieur, je serai exact, répondit le consul.

— Si vous voyez don Luis, n'oubliez pas, je vous prie, de lui rappeler mon invitation.

— Je n'y manquerai pas.

Nos trois personnages sortirent, se serrèrent la main, le consul tourna à droite, le marshall et don Gregorio prirent à gauche.

— Que devient donc notre affranchi ? dit en riant, tout en marchant, le marshall à don Gregorio ; il devait déjeuner avec nous ce matin, et nous ne l'avons pas vu.

— Il est sorti de très-bonne heure, pour aller je ne sais où ; lorsque je me suis levé, répondit le chacarero, mon domestique m'a remis un mot dans lequel, tout en m'annonçant qu'il était forcé de sortir, il m'invitait à ne pas m'inquiéter, et il me priait de l'excuser auprès de vous.

— Qu'il y prenne garde ! répondit le marshall, il a affaire à un vilain drôle qui saisira toutes les occasions de lui jouer un mauvais tour.

— Oh ! quant à cela, je ne suis nullement inquiet ; si jeune qu'il vous paraisse, don Luis a bec et ongles ; son père qui l'adorait lui a donné une véritable éducation de coureur des bois ; il est doué d'une vigueur peu commune, est d'une agilité surprenante, et d'une adresse aux armes et à tous les exercices du corps qui dépasse les limites du possible ; je lui ai vu, à cheval et à pied, accomplir des choses extraordinaires ; avec cela il a une bravoure de lion et un sang-froid qui ne se dément jamais. Si par hasard Josuah Lewis s'attaque à lui, il aura affaire à forte partie.

— Tant mieux s'il en est ainsi ; du reste je l'ai déjà vu à l'œuvre ; et ma foi je ne vous cache pas que j'ai été émerveillé ; il a conduit cette révolte des noirs avec une adresse et un sang-froid remarquables ; sans notre intervention, le planteur ne s'en serait pas tiré ; ma foi je vous avoue que je ne serais pas fâché qu'il lui donnât une bonne leçon.

— Je crains que telle soit son intention ; il est rancunier; sans doute il voudra se venger avant que de quitter Saint-Louis.

— Je comprends cela; il y a de quoi garder rancune; s'il trouve sa belle, il fera bien d'en profiter. Mais nous voici devant la porte du banquier, entrons.

Ce banquier faisait aussi le commerce des pelleteries; il reçut fort bien les deux hommes, ne fit aucune difficulté de prendre le bon, et lorsqu'il sut ce que cherchait don Gregorio, il se mit de fort bonne grâce à sa disposition.

— J'ai précisément dans mes bureaux, dit-il, plusieurs chasseurs des prairies qui échangent des fourrures; si vous voulez les voir, rien n'est plus facile; peut-être vous entendrez-vous avec eux.

Les deux hommes acceptèrent.

Le banquier les conduisit dans ses bureaux; il y avait foule; le marshall reconnut une vingtaine de coureur des bois qui, par leur allure sauvage et leurs costumes excentriques, tranchaient complétement sur les individus auxquels ils étaient mêlés accidentellement.

— Est-ce que vous connaissez ces braves gens? demanda le marshall au banquier.

— Beaucoup; voilà plusieurs années que je fais des affaires avec eux, je vous réponds de leur honnêteté; vous pouvez les engager sans crainte; s'ils y consentent toutefois; voulez-vous que je vous abouche avec l'un d'eux?

— Je vous serai obligé de le faire, répondit don Grégorio.

—Hé! Tom Trick! cria le banquier, venez donc un peu par ici, mon camarade, on a des propositions à vous faire.

— A vos ordres, master Greewil? répondit le chasseur en s'approchant.

En quelques mots on le mit au fait.

Le chasseur sembla réfléchir un instant, puis il se retourna vers l'endroit où se tenaient les autres coureurs des bois, et élevant la voix en même temps qu'il leur faisait signe:

— Ohé! les autres, venez-donc, cria-t-il, il y a du nouveau.

Les chasseurs se frayèrent un passage à travers la foule et s'approchèrent.

C'étaient tous des hommes dans la force de l'âge, aux traits énergiques et d'apparence vigoureuse.

— De quoi s'agit-il? demanda l'un d'eux après avoir salué profondément.

— Voilà la chose : il paraît que Valentin Guillois, le Chercheur-de-Pistes, est en ce moment en expédition dans les montagnes Rocheuses, du côté du Voladero de l'Ours gris, entre la rivière du Vent...

— Et la rivière Rouge; je connais l'endroit, répondit l'autre.

— Eh bien! notre ami est fort serré de près là-bas, il nous appelle à lui.

— T'es sûr de cela, Tom Trick ?

— Certain, Johnson, mon ami.

— Alors faut y aller.

— C'est ton avis?

— C'est notre avis à tous ! s'écrièrent les chasseurs d'une seule voix.

— Nous ne pouvons pas laisser dans l'embarras l'homme qui nous a rendu tant de services ! ponctua Johnson.

—Eh bien, mes compagnons, voici Monsieur, continua Tom Trick en désignant don Gregorio, qu'il a chargé de recruter et de lui amener cent hommes résolus.

— Monsieur peut compter sur nous d'abord ; reprit Johnson, les autres se trouveront bientôt.

— On engage pour trois mois, cent cinquante dollars par mois, cinquante dollars de prime d'engagement, trois cents dollars d'avance, et cent dollars de prime, l'expédition terminée.

—Valentin fait bien les choses comme toujours ; répondit Johnson, nous y serions allés pour rien ; nous sommes prêts à donner notre vie pour le Chercheur-de-Pistes ; mais puisqu'il nous offre un engagement, ce serait une insulte de le refuser. Monsieur, nous sommes prêts à signer.

L'affaire se fit séance tenante.

— Monsieur, dit Tom Trick, ne vous donnez pas la peine de courir les comptoirs, nous amènerons ici nos camarades; avant trois jours, vous aurez vos cent hommes, tous gaillards résolus et connaissant le désert sur le bout du doigt.

—Vous savez mes conditions? répondit don Grégorio, je tiens surtout à n'avoir dans ma troupe que des gens honnêtes et loyaux, comme vous l'êtes vous-mêmes.

— Soyez tranquille, monsieur, nous en ferons notre affaire, tous ceux que nous engagerons seront bien connus de Valentin, et il n'accepte pour amis que des honnêtes gens.

— Eh bien, c'est convenu, mes braves; je vous donne carte blanche; vous Tom Trick et Van Johnson, vous me viendrez voir à mon hôtel, pour me tenir au courant de ce que vous aurez fait; là je vous ferai connaître le point où nous devrons nous réunir pour entrer en campagne.

— Autrement dit, nous mettre sur le sentier de la guerre, fit Tom Trick en riant; et où se trouve-t-il, sans vous commander, votre hôtel, mon maître ?

— Hôtel Wasingthon, vous demanderez don Gregorio Peralta.

— C'est entendu, señor; à vous revoir, vous aurez bientôt de nos bonnes nouvelles.

Le marshall et don Diego prirent congé de M. Greewil et se retirèrent fort satisfaits de leur visite.

En effet, ils n'avaient pas à se plaindre; d'un seul coup don Gregorio avait engagé trente-quatre hommes sur lesquels il savait pouvoir compter; c'est-à-dire le tiers de sa troupe; dans de telles proportions, l'enrôlement complet serait terminé en trois jours à peine, c'était un magnifique résultat.

A quelques pas de la demeure du banquier les deux hommes se séparèrent, en se donnant rendez-vous pour le soir à six heures précises.

Le marshall alla à ses affaires, don Gregorio rentra à son hôtel.

Il s'informa si don Luis était rentré.

Personne ne l'avait vu.

Don Gregorio, assez inquiet de cette longue absence, se retira dans son appartement ; pendant toute la journée il écrivit ou prit des notes.

Un peu avant six heures, au moment où don Gregorio se préparait à se rendre chez le marshall, don Luis entra dans la chambre où il se tenait.

Le jeune homme était en grande toilette, frais, reposé comme s'il fût demeuré pendant toute la journée chez lui.

— Ah ! fit gaiement don Gregorio, vous voilà donc enfin, déserteur ?

— A vos ordres, monsieur ; répondit le jeune homme en s'inclinant.

— Où donc avez-vous passé toute votre journée, que personne ne vous a vu ?

— J'ai couru, monsieur ; il y a si peu de temps que je suis libre que, vous le comprenez, j'ai besoin d'air et de mouvement ; il m'est impossible de demeurer en place.

— Je comprends cela ; mais enfin vous aviez un but ?

— Peut-être, fit-il avec un sourire d'une expression singulière ; je suis allé visiter les environs ; il sont très-pittoresques ; je me suis trouvé sans y songer entraîné plus loin que je n'aurais voulu ; de là le retard que je regrette et dont je vous prie, monsieur, de vouloir bien agréer toutes mes excuses.

— Vous n'avez pas d'excuses à me faire, mon cher enfant ; mais vous auriez dû vous souvenir qu'il y a certaines convenances, des devoirs de société que l'on doit remplir.

— C'est vrai, monsieur, répondit-il en souriant, mais il y a si peu de temps encore que j'étais esclave, que je ne suis peut-être pas aussi coupable que vous le supposez ; du reste me voici prêt à vous accompagner chez le marshall.

— J'attends encore notre ami le consul.

— Me voici, répondit celui-ci en ouvrant la porte, nous partirons quand vous voudrez, cher don Gregorio.

— Je suis prêt.

— En route alors ; eh bien ! et vos enrôlements ? cela marche-t-il ?

— Parfaitement ; beaucoup mieux que je ne l'espérais ; j'ai déjà plus du tiers de mon effectif.

— Bravo ! alors vous pourrez bientôt vous mettre en route.

— Que n'est-ce demain ! avec quel bonheur je me jetterai dans les bras de mon père adoptif ! s'écria le jeune homme avec émotion ; ce fidèle ami de mon malheureux père ; oh ! que je voudrais être déjà près de lui !

— Patience, mon enfant, bientôt vous le verrez.

— Et ce sera à vous que je devrai cette immense joie, oh ! cher don Gregorio, jamais je ne pourrai vous faire comprendre combien je vous aime !

On entra chez le marshall.

— A la bonne heure, s'écria gaiement celui-ci en apercevant le jeune homme; voilà notre coureur retrouvé.

— Oui, monsieur, répondit don Luis avec un charmant sourire; et bien désolé d'avoir manqué votre bienveillante invitation de ce matin.

— Allons, n'en parlons plus, puisque vous venez ce soir; à table, à table!

Le dîner commença.

— Vous savez, don Luis, dit le marshall au bout d'un instant, que nous allons au théâtre.

— Oui, monsieur, vous m'avez fait l'honneur de me le dire.

— C'est peut-être un peu pour cela que vous êtes venu, hein? fit-il en riant.

— Oh! monsieur, pouvez-vous le supposer! J'aime beaucoup le théâtre dont je suis privé depuis longtemps, mais cependant...

— Bien, bien, interrompit-il, ne vous disculpez pas, c'est inutile.

— On donne, je crois *I Puritani*? C'est un magnifique ouvrage que je reverrai avec le plus grand plaisir. La troupe est-elle bonne?

— Je ne saurais vous le dire; c'est une troupe italienne de passage, comme toutes celles que nous avons ici; on parle beaucoup de la première chanteuse, voilà tout ce que je puis dire; du reste, nous l'entendrons.

— Et la salle, comment est-elle?

— Assez bien, pour une salle de province qui, la plupart du temps, est fermée.

— A-t-elle un foyer?

— Comment, si elle a un foyer? je le crois bien; il est magnifique, c'est ce qu'il y a de mieux au théâtre.

— Alors j'espère que vous me le montrerez?

— Avec le plus grand plaisir.

— Sommes-nous bien placés?

— Nous avons une loge à côté de celle du gouverneur, et parfaitement en vue.

Don Luis sourit.

— Allons, dit-il, je vois que, grâce à vous, cher monsieur, nous passerons une charmante soirée.

Lorsque le dîner fut terminé, les quatre convives se levèrent, et ils se rendirent au théâtre en causant et en fumant leur cigare.

Lorsqu'ils entrèrent dans leur loge, le rideau n'était pas encore levé, la salle était comble.

Le peuple américain est le peuple enthousiaste par excellence; il se passionne facilement pour tout ce qui lui semble sortir de l'ordinaire.

L'affaire de don Luis avait fait un bruit énorme dans la ville; Josuah Lewis avait été généralement désapprouvé et fort maltraité dans tous les lieux publics.

Lorsque don Luis parut dans sa loge, la salle tout entière se leva, et les bravos éclatèrent de toutes parts avec un ensemble admirable, qui prouvait la vive sympathie que la population ressentait pour le jeune homme.

Don Luis rougit, il se pencha sur le devant de la loge et salua gracieusement.

Les bravos et les hourrahs redoublèrent avec une énergie à faire crouler la salle.

Au même instant un coup de sifflet retentit en même temps qu'une voix s'écriait avec fureur :

— A la porte le mulâtre ! dehors l'esclave !

Tout le monde se tourna du côté d'où partaient ces cris.

On aperçut alors Josuah Lewis, seul dans une loge, hurlant comme un démon et menaçant du poing son ancienne victime.

— A la porte le bandit ! à la porte le pirate ! le mangeur de chair humaine ! chassez-le ! Lynchez-le, lynch ! lynch !

Ces menaces se succédaient avec une rapidité extrême ; on montait sur les banquettes ; on essayait d'escalader la loge où le planteur continuait à crier et à se démener ; quelques spectateurs s'étaient même élancés dans les corridors, et se bousculaient en courant vers la loge.

Don Luis, toujours calme et souriant, attendait que l'ordre se rétablît.

Mais loin de là, le tumulte prenait des proportions immenses, le public, rendu furieux par l'attitude provocante du planteur, semblait disposé à se porter aux dernières extrémités contre lui.

Don Luis se pencha légèrement vers le marshall et lui dit quelques mots à voix basse.

Le marshall sourit en faisant un signe d'acquiescement, il se leva et, se plaçant à côté du jeune homme :

— Citoyens américains, cria-t-il d'une voix de stentor qui domina le tumulte, libres habitants de la cité de San Luis du Missouri ; monsieur le comte don Luis de Prébois-Crancé vous remercie du fond du cœur des preuves éclatantes de sympathie que vous lui donnez ; il désire vous exprimer lui-même sa gratitude, écoutez-le !

Les Américains, si farouches républicains qu'ils soient, adorent les titres de noblesse ; les comtes, les marquis, les barons et les lords sont toujours accueillis par eux avec le plus grand respect ; d'où cela provient-il ? C'est ce que nul ne saurait expliquer ; cela est, voilà ce qui est constant.

Le speach du marshall fut accueilli avec de chaleureux applaudissements.

Tout le monde criait à la fois : Écoutez le comte ; parlez, comte, parlez ! engageant le jeune homme à prendre la parole.

Enfin, peu à peu, le calme succéda à la tempête et le silence se rétablit à peu près.

Don Luis saisit ce moment pour saluer le public et prendre la parole.

— Citoyens, dit-il, étranger dans ce pays, victime du plus odieux attentat, j'ai été sauvé par vous ; citoyens de cette noble et grande cité, la sympathie que vous me témoignez augmenterait la reconnaissance que j'éprouve pour vous, si cela m'était possible ; vous m'avez tiré d'entre les griffes du tigre qui me torturait, vous m'avez rendu, avec la liberté, mon rang dans le monde et ma place dans la société, merci du fond du cœur, merci !

— Bravo ! bravo ! vive don Luis !

— Silence !

— Ecoutez ! écoutez !

— Mais ce n'est pas tout, ce n'est pas assez, nobles et généreux citoyens des États-Unis, il est un dernier service que je réclame de vous.

— Parlez ! parlez !

— Je m'étais promis de ne pas me venger de mon bourreau ; j'étais résolu à mépriser la bête féroce dont j'ai été la victime ; je ne voulais emporter qu'un souvenir dans mon cœur, en quittant cette ville, celui de vos bienfaits.

— Bravo !

— Vive don Luis !

— Écoutez !

— Silence !

— Mais ce misérable, méconnaissant le verdict d'infamie prononcé contre lui par l'opinion publique, ose relever brutalement sa tête ignoble ; non content des souffrances qu'il m'a infligées, il a l'audace de venir vous défier et vous insulter en face ; car c'est vous plutôt que moi qu'il insulte, par son insolente protestation contre votre arrêt ; tant de cynisme mérite un châtiment exemplaire.

— Oui ! oui ! Lynchons-le !

— A mort !

— Silence !

— Laissez parler?

— Ce châtiment, si vous me le permettez, et cette grâce, je vous la demande au nom de la reconnaissance que je vous dois, je le lui infligerai séance tenante, devant vous. Le spectacle n'est pas commencé encore ; faites lever le rideau, qu'on nous place en face l'un de l'autre sur la scène, un pistolet à la main, nous tirerons ensemble à votre signal. Ce sera le véritable jugement de Dieu, car ce sera lui seul qui frappera le coupable.

Un moment de stupeur succéda à cette étrange péroraison à laquelle on était si loin de s'attendre.

Mais les Américains adorent l'excentrique ; presque aussitôt les bravos éclatèrent avec frénésie de toutes les parties de la salle, les femmes elles-mêmes s'en mêlèrent ; pendant quelques instants, ce fut un tumulte et un vacarme indescriptibles, puis tout à coup la toile se leva, et on aperçut plusieurs personnes qui amenaient entre elles le planteur sur la scène.

Le misérable était livide ; il roulait des yeux égarés et se faisait littéralement traîner, en criant d'une voix sourde :

— Non, non, je ne veux pas ! je ne veux pas !

C'était tout ce qu'il pouvait dire.

— Aussi lâche que cruel ! s'écria don Luis avec mépris.

Et s'élançant de la loge, malgré les observations de ses amis, il vint par un bond prodigieux tomber sur la scène, à deux pas de son ennemi atterré.

Celui-ci, comprenant alors que rien ne pourrait le sauver, s'il s'obstinait à refuser plus longtemps le combat, et qu'il serait écharpé et mis en lambeaux par la foule exaspérée, sembla reprendre courage.

— Eh bien ! soit, dit-il, lâchez-moi, je me battrai !

Mourir pour mourir, il préférait être tué d'un seul coup.

Les deux adversaires furent placés chacun à une extrémité de la scène, l'un à droite, l'autre à gauche.

On leur remit à chacun un pistolet chargé.

C'était un spectacle étrange que celui que présentait cette salle remplie de spectateurs ; avec ces dames en grandes toilettes, éblouissantes de diamants et de fleurs garnissant les loges ; le marshall, au milieu de la scène prêt à donner le signal, et au fond, rangés en demi-cercle les acteurs revêtus de leurs pittoresques costumes, et assistant, eux aussi, à ce spectacle terrible, auquel quelques moments auparavant nul ne s'attendait.

Singulier prologue pour l'opéra si dramatique des *Puritains*.

— Êtes-vous prêts ? dit le marshall.

— Oui ; répondit don Luis, en saluant.

— Oui ; fit Josuah Lewis d'une voix sourde, mais en faisant bonne contenance.

— Feu ! cria le marshall.

Les deux coups éclatèrent à la fois.

Josuah fit un bond énorme, tourna sur lui-même et tomba la face sur les planches, sans pousser un cri.

Il était mort ; tué roide par la balle de don Luis qui, lui, n'avait pas été touché.

— Justice est faite ; dit le marshall, c'est vraiment le jugement de Dieu !

La salle entière éclata en bravos frénétiques.

Don Luis salua et disparut dans la coulisse ; un instant plus tard, il avait regagné sa loge.

La toile fut baissée.

Mais presque aussitôt l'orchestre joua l'ouverture, la toile se leva et l'opéra commença.

Il fut écouté avec la même attention que si rien d'extraordinaire ne s'était passé.

— Je comprends maintenant pourquoi vous m'aviez demandé si le foyer du théâtre était grand ; dit le marshall à l'oreille du jeune homme.

— Dieu en a décidé autrement ; répondit don Luis en souriant.

Lorsque l'attention fut fixée sur les acteurs, don Luis et ses amis sortirent doucement.

A trois jours de là, la troupe de don Gregorio était au complet.

Le chacarero, après avoir assigné à ses hommes rendez-vous pour quinze jours plus tard à Fort-Snelling, les vit se mettre résolûment en route.

Deux jours après leur départ, don Gregorio prit congé du marshall, envers lequel il avait contracté de si grandes obligations ; et s'embarqua sur un steamboat qui devait le conduire à la Nouvelle-Orléans, en compagnie du consul Chilien et de don Luis.

Voilà à la suite de quels événements nous l'avons trouvé campé dans les montagnes Rocheuses, à la tête d'une si nombreuse troupe de chasseurs et se mettant sous la direction de Pawlet et de ses deux compagnons à la recherche du Voladero de l'Ours gris, où Valentin Guillois, en le quittant trois mois auparavant, lui avait donné rendez-vous.

FIN DU CAPITAINE KILD

TABLE

I. — Où doña Rosario commence à espérer. 1
II. — Où il est prouvé que pour voir, il faut regarder, et pour entendre, écouter 30
III. — Comment doña Rosario reçut la visite de don Octavio de Vargas d'Albaceyte. 51
IV. — Qui était réellement Benito Ramirez. 73
V. — Où Curumilla donne de ses nouvelles et dans lequel Valentin Guillois contracte une alliance avec les Pieds-Noirs. 93
VI. — Les préparatifs d'une surprise. 143
VII. — Les préparatifs d'une surprise (*suite*). 172
VIII. — La prise du camp 185
IX. — Comment Pawlet découvrit une piste et ce qu'il en advint. 210
X. — Pourquoi don Gregorio se rendit à Saint-Louis du Missouri. 235
XI. — Comment don Luis improvisa un prologue à l'opéra *I Puritani*. 263

FIN DE LA TABLE

F. Aureau, — Imprimerie de Lagny

www.ingramcontent.com/pod-product-compliance
Lightning Source LLC
Chambersburg PA
CBHW070750170426
43200CB00007B/726